海外中国思想史研究前沿译丛

主　编
彭国翔

编委会（按姓氏首字母排序）

毕游赛（Sébastien Billioud, East Asian Studies Department, University Paris Diderot, Sorbonne Paris Cité）

钱德樑（Erica Brindley, Department of History, Pennsylvania State University）

陈玮芬（Institute of Chinese Literature and Philosophy, Academia Sinica）

陈熙远（Institute of History and Philology, Academia Sinica）

齐思敏（Mark A. Csikszentmihalyi, Department of East Asian Languages and Cultures, University of California, Berkeley）

傅　熊（Bernhard Fuehrer, Department of the Languages and Cultures of China and Inner Asia, University of London）

葛浩南（Romain Graziani, Department of Chinese Studies, Ecole Normale Supérieure de Lyon）

许齐雄（Khee Heong Koh, Department of Chinese Studies, National University of Singapore）

吕妙芬（Institute of Modern History, Academia Sinica）

王昌伟（Chang Woei Ong, Department of Chinese Studies, National University of Singapore）

普　鸣（Michael Peutt, Department of East Asian Languages and Civilizations, Harvard University）

施耐德（Axel Schneider, East Asian Studies Department, Georg-August-Universität Göttingen）

苏费翔（Christian Soffel, Institute of Sinology, Universität Trier）

冯　凯（Kai Volgsang, Asien-Afrika-Institut, Universität Hamburg）

杨贞德（Institute of Chinese Literature and Philosophy, Academia Sinica）

胡司德（Roel Sterckx, Department of East Asian Studies, University of Cambridge）

魏希德（Hilde De Weerdt, Leiden Institute for Area Studies, SAS China, Universiteit Leiden）

任博克（Brook A. Ziporyn, Divinity School, University of Chicago）

启真馆 出品

中国历史上的关中士人：907–1911

[新加坡] 王昌伟 著　刘晨 译

Men of Letters
Within the Passes:
Guanzhong Literati in
Chinese History, 907 – 1911

ZHEJIANG UNIVERSITY PRESS
浙江大学出版社

总序

"思想"与"历史"之间的"中国思想史"

彭国翔

2012 年夏天，我应邀在位于德国哥廷根的 Max Planck Institute for the Study of Religious and Ethnic Diversity 从事研究工作时，有一天突然收到浙江大学出版社北京启真馆公司负责人王志毅先生的邮件，表示希望由我出面组织一套"海外中国思想史研究前沿译丛"。如今，这套书就要正式出版了，出版社要我写个总序。在此，就让我谈谈对于"思想史"和"中国思想史"的一些看法，希望可以为思考如何在一个国际学术界的整体中研究"中国思想史"这一问题，提供一些可供进一步思考的助缘。

"思想史"（intellectual history）、"哲学史"（history of philosophy）、"观念史"（history of ideas）等等都是现代西方学术分类下的不同专业领域，既然我们现代的学术分类已经基本接受了西方的学术分类体系，那么，讨论"思想史"的相关问题，首先就要明确在西方专业学术分类中"思想史"的所指。虽然我们在中文世界中对"思想史"这一观念的理解可以赋予中国语境中的特殊内涵，但毕竟不能与西方学术分类中"思想史"的意义毫无关涉。比如说，"中国哲学"中的"哲学"虽然并不对应西方近代以来居于主流的理性主义传统尤其分析哲学所理解的"philosophy"，但却也并非与西方哲学的任何传统毫无可比性与类似之处，像皮埃尔·阿多（Pierre Hadot）和玛莎·努斯鲍姆（Martha C. Nussbaum）所理解的作为一种"生活方式"（way of life）、"精神践履"（spiritual exercise）以及"欲望治疗"（therapy of desire）的"philosophy"，尤其是"古希腊罗马哲学"，就和"中国哲学"包括儒、释、道三家的基本精神方向颇为一致。再比如，儒学固然不是那种基于亚伯拉罕传统（Abrahamic tradition）或者说西亚一神教（monotheism）模式的"宗教"，但各种不同宗教传统，包括西亚的基督教、犹太教和伊斯兰教，南亚的印度教、佛教以及东亚的儒学和道教，尽管组织形式不同，又都对同样一些人类的基本问题，比如生死、鬼神、修炼等，提供了自己的回答。事实上，不独历史这一学门及其进一步的各种分支，对于"哲学"、"宗教"、"伦理"等学科，这一点同样适用。

那么，在西方的学术分类体系中，"思想史"是怎样一个研究领域呢？"思想史"诚然一度是"一个人文研究中特别模糊不清的领域"，但是，就目前来说，"思想史"所要研究的对象相对还是比较清楚的。换言之，对于"思想史"所要处理的特定课题，目前虽不能说众口一词，却也并非毫无共识。正如史华慈（Benjamin I. Schwartz）所言，"思想史"所要处理的课题，是人们对于其处境（situation）的自觉回应（conscious responses）。这里，处境是指一个人身处其中的社会文化脉络（social and cultural context）。这当然是历史决定的，或者说根本就是一种历史境遇（historical situation）。而人们的"自觉回应"，就是指人们的"思想"。再进一步来说，"思想史"既不是单纯研究人们所在的外部历史境遇，也不是仅仅着眼于人们的思想本身，而是在兼顾历史境遇和主体自觉的同时，更多地着眼于两者之间的互动关系，即"思想"与"历史"的互动。并且，这里的"人们"，也不是泛指群体的大众意识，而往往是那些具备高度自觉和深度思考的思想家们。

其他一些专业领域，比如"社会史"、"文化史"，与"思想史"既有紧密的联系，也有相对比较明确的区分。比如，按照目前基本一致的理解，较之"思想史"通常指重要的思想家们对于社会历史的各自反思，"文化史"往往关注较为一般和普遍的社会历史现象，以及作为群体的社会大众而非社会精英在一个长程的社会变动中扮演的角色。从作为"文化史"这一学科奠基人的雅各布·布克哈特关于意大利文艺复兴的研究，以及彼得·伯克（Peter Burke）和菲利普·普瓦里耶（Philippe Poirrier）等人对于"文化史"的直接界定，即可了解"文化史"这一领域的特点。因此，"文化史"不但常常整合"人类学"的方法和成果，就连晚近于尔根·哈贝马斯关于"公共领域"（public sphere）论述和克利福德·格尔茨（Clifford Geertz）关于"深度描述"（thick description）的观念，由于同样注重人类社会的整体与共同经验，也成为支持"文化史"的理论援军。至于"社会史"，则可以说是史学与社会科学更进一步的结合，甚至不再被视为人文学科（humanities）的一种，而是一种从社会发展的角度去看待历史现象的社会科学（social science）。像经济史、法律史以及对于社会其他方面的研究，都可以包括在"社会史"这一范畴之下。最能代表"社会史"研究取径的似乎是法国年鉴学派（French annales school）了，不过，在史学史的发展中，社会史可以被视为发生在史学家之中的一个范围更广的运动。无论如何，和"文化史"类似，"社会史"最大的特点也许在于其关注的对象不是精英的思想家，而是社会大众。正是在这个意义上，"社会史"通常也被称为"来自下层的历史"（history from below）或者"草根的历史"（grass-roots history）。

其实，在我看来，至少在中文世界的学术研究领域，"思想史"是介于"哲学史"、"观念史"与"文化史"、"社会史"之间的一种学术形态。以往我们的"中国哲学史"研究，基本上是相当于"观念史"的形态。"观念史"的取径重在探究文本中观念之间的逻辑关联，比如一个观念自身在思想内涵上的演变以及这一观念与其他观念之间的逻辑关系等等。站在"哲学史"或"观念史"之外，从"思想史"的立场出发，当然可以说这种取径不免忽视了观念与其所在的社会环境之间的互动；从"文化史"、"社会史"的立场出发，当然可以说这种取径甚至无视其所探讨的观念之外的文化活动的丰富多彩，无视观念所在的社会的复杂与多变。但是，话又说回来，"哲学史"或"观念史"的基本着眼点或者说重点如果转向观念与其环境之间的互动，转向关注文化的多样与社会的复杂多变，那么，"哲学史"和"观念

史"也就失去了自身的"身份"（identity）而不再成为"哲学史"和
"观念史"了。

事实上，学术的分门别类、多途并进发展到今天，之所以仍然为
"哲学史"或"观念史"、"思想史"、"文化史"以及"社会史"保留
了各自的地盘，并未在"物竞天择，适者生存"的法则下造成相互淘
汰的局面，就说明这些不同的取径其实各有其存在的价值，彼此之间
虽然不是泾渭分明，没有交集，但却确实各有其相对独立的疆域。站
在任何一个角度试图取消另一种研究范式（paradigm）的存在，比如
说，站在"中国思想史"的角度批评"中国哲学史"存在的合理性，
实在恰恰是"思想"不够清楚的结果。"思想史"、"哲学史"、"文化
史"、"社会史"等等，其实是研究不同对象所不得不采取的不同方
法，彼此之间本来谈不上孰高孰低、孰优孰劣。恰如解决不同问题的
不同工具，各有所用，不能相互替代，更不能抽象、一般地说哪一个
更好。打个比方，需要用扳手的时候当然螺丝刀没有用武之地，但若
由此便质疑后者存在的合理与必要，岂不可笑？因为很简单，扳手并
不能"放之四海而皆准"，需要用螺丝刀派用场的时候，扳手一样变
得似乎不相干了。这个道理其实很简单，我经常讲，各个学科，包括
"思想史"、"哲学史"、"文化史"和"社会史"等等，分别来看都是
一个个的手电筒，打开照物的时候，所"见"和所"蔽"不免一根而
发。对此，设想一下手电筒光束的光亮在照明一部分空间的同时，也
使得该空间之外的广大部分益发黑暗。通过这个比喻，进一步来看，
对于这些不同学科之间的关系，我们也应当有比较合理的理解。显
然，为了照亮更大范围的空间，我们不能用一个手电筒替换另一个手
电筒。无论再大的手电筒，毕竟只有一束光柱。而我们如果能将不同
的手电筒汇聚起来，"阴影"和"黑暗"的部分就会大大减少。医院
的无影灯，正是这一原理的运用。事实上，不同的学科不过是观察事
物的不同视角而已。而我这里这个无影灯比喻的意思很清楚，"思想
史"、"哲学史"、"社会史"等等，甚至人文学科和社会科学之间、文
理科之间，各个不同学科应当是"相济"而不是"相非"的关系。否
则的话，狭隘地仅仅从自己学术训练的背景出发，以己之所能傲人所

不能，正应了《庄子》中所谓"以为天下之美尽在己"的话。另一方面，却也恰恰是以己之所仅能而掩饰己之所诸多不能的缺乏自信的反映。

　　一个学者有时可以一身兼通两种甚至多种不同的学术取径。比如说，可以兼治哲学与史学，同时在两个不同的领域都有很好的建树。不过，哲学与史学的建树集于一身，却并不意味着哲学和史学的彼此分界便会因此而不存在。打个比方，一个人可以"十八般武艺，样样皆通"，但是很显然，这个人只有在练习每一种武艺时严格遵守该武艺的练习方法，才能最后做到"样样皆通"，假如这个人以刀法去练剑法，以枪法去练棍法，最后不仅不能样样皆通，反倒会一样都不通，充其量不过每样浅尝辄止而已。这里的关键在于，一个人十八般武艺样样皆通，决不意味着十八般武艺各自的"练法"因为被一个人所掌握而"泯然无际"，尽管这个人在融会贯通之后很可能对每一种武艺的练法有所发展或创造出第十九种、二十种武艺。落实到具体的学科来说，在没有经过"哲学史"、"观念史"、"思想史"、"社会史"、"文化史"其中任何一种学术方法的严格训练之前，就大谈什么打破学科界限，无异痴人说梦，在学术上不可能取得大的成就，这是不言而喻的。很多年前就有一个讲法叫"科际整合"，即加强不同学科之间的互动与互渗，这当然是很有意义而值得提倡的。但"科际整合"的前提恰恰是学科之间的多元分化，只有在某一学科里面真正深造有得之后，才有本钱去与别的学科进行整合。

　　本来，"思想史"并不是一个很容易从事的领域，好的思想史研究是既有"思想"也有"史"。而坏的思想史则是既无"思想"也无"史"。比如说，对于一个具体的思想史研究成果，如果治哲学的学者认为其中很有"思想"，而治历史的学者认为其中很有"史"，那么，这一成果就是一个好的思想史研究。反之，假如哲学学者看了觉得其中思想贫乏，观念不清，而历史学者看了觉得其中史料薄弱，立论无据，那么，很显然这就是一个并不成功的思想史研究。因此，"思想史"这一领域应该成为"哲学"和"历史"这两门学术甚至更多学科交集的风云际会之所，而不是沦为那些缺乏专长而又总想"不平则鸣"的"自以为无所不知者"（其实是"学术无家可归者"）假以托庇其下的收容站。

徐复观曾经说"对于中国文化的研究，主要应当归结到思想史的研究"。对于这句话，在明了各种不同研究取径及其彼此关系的基础上，我是很同意的。因为较之"哲学史"，"思想史"在"思想"、"观念"之外，同时可以容纳一个"历史"的向度，换言之，"中国思想史"可以做到既能有"思想"也能有"史"。而这一点，刚好符合传统中国思想各家各派的一个共同特点，即一般都不抽象地脱离其发生发展的历史脉络而立言。因此，我很希望越来越多的学者加入到"中国思想史"的团队之中，只要充分意识到我们前面讨论的问题，不把"思想史"视为一个可以无视专业学术训练的托词，而是一个和"哲学史"、"观念史"、"文化史"、"社会史"等既有联系甚至"重叠共识"，同时又是具有自身明确研究对象和领域而"自成一格"的学科视角，那么，广泛吸收各种不同学科训练的长处，宗教的、伦理的、哲学的，都可以成为丰富"思想史"研究的助力和资源。

西方尤其美国关于中国思想史的研究，以狄百瑞（William T. de Bary）、史华慈、列文森（Joseph R. Levenson）等人为代表，在20世纪70年代一度达到巅峰，但随后风光不再，继之而起的便是前文提到的"文化史"、"社会史"以及"地方史"这一类的取径。这一趋势与动向，中文世界不少学者"闻风而起"。无论是可以直接阅读西文的，还是必须依靠翻译或者借助那些可以直接阅读西文文献的学者的著作的，都在不同程度上受到这一风气的影响。但是，如果我前文所述不错，各种取径不过是"横看成岭侧成峰，远近高低各不同"的不同视角，彼此之间非但毫无高下之别，反而正需相互配合，才能尽可能呈现历史世界与意义世界的整全，那么，"思想史"的研究就永远只会被补充，不会被替代。如果不顾研究对象的性质，一味赶潮流、趋时势，则终不免"邯郸学步"，难以做出真正富有原创性的研究成果。事实上，西方从"思想史"的角度研究中国，迄今也不断有新的成果出现。而且，如前所述，"思想史"和"哲学史"、"观念史"、"文化史"、"社会史"之间，也是既互有交涉，又不失其相对的独立性，越来越呈现出五光十色的局面。因此，真正了解西方中国研究（Chinese studies）的来龙去脉及其整体图像，尤其是西方学术思想传统自身的发展变化对于西方中国研究所起的制约甚至支配作用，而不是一知半解的"从人脚跟转"，对于中文世界人文学术研究如何一方面避免"坐井观天"和"夜郎自大"，另一方面在充分国际化（"无门户"）的同时又不失中国人文研究的"主体性"（"有宗主"），就是极为有益的。

中国思想史是我多年来的研究领域之一，而我在研究中所遵从的方法论原则，正是上述的这种自觉和思考。也正是出于这一自觉和思考，我当初才感到义不容辞，接受了启真馆的邀请。我的想法很简单，就是希望这套丛书的出版，能够为推动国内学界对于"中国思想史"的研究提供些许的助力或至少是刺激。这套丛书首批的几本著作，作者大都是目前活跃在西方学界的青壮年辈中的一时之选。从这些著作之中，我们大致可以了解西方中国思想史研究的一些最新动态。当然，这里所谓的"思想史"，已经是取其最为广泛的涵义，而与"文化史"、"社会史"等不再泾渭分明了。这一点，本身就是西方"中国思想史"研究最新动态的一个反映。至于其间的种种得失利弊，以及在中文世界的相关研究中如何合理借鉴，就有赖于读者的慧眼了。

是为序。

2015 年 8 月 18 日
于武林紫金港

谨将此书献给家父、家母、家姐，还有内人。

中文版序言

　　这本书是我 2008 年在哈佛大学亚洲研究中心出版的英文原著的中译本，但其雏形可以追溯到 2002 年，我上包弼德（Peter K. Bol）教授所开设的一门关于中国地方史的课时所呈交的期末作业。包教授在指导我们阅读地方文献的同时，也要求我们针对学界共同关心的一些"宏大问题"（big questions）进行思考。那是我第一次接触到以地方史的视野思考国史论述的研究方式，震撼不可谓不大，也启发我日后即使在研究理学这种普遍被视为"形而上"，与现实生活没有直接关系的学问时，特别留意政治、社会和文化层面的问题，同时把空间、地域的因素考虑在内。

　　当时选择关学作为研究对象，主要是为了回应韩明士（Robert Hymes）关于南宋精英阶层地方化的问题。韩氏的这个观察，在中文学界受到余英时、陶金生、包伟明诸先生的批评，但无论如何，它还是为我们提供了一个独特的视角去理解种种南宋以后才出现的历史现象。一个值得进一步探索的问题是，在没有经历过"南宋"阶段的北方，又是什么样的一种情况？

　　我当时正是带着这样的问题意识投身到关中历史文化的研究中的。可是在书写的过程中，却发现其中可讨论的问题其实有很多，并不局限于精英地方化的问题。尤其值得关注的是，在一般人的想象中，关中和汉唐盛世是紧密联系在一起的，似乎唐代以后，关中就不再值得讨论和研究。实际上，关中士人从未停止书写家乡的历史。他们为什么书写，如何书写，在不同时期是否有不同的表现？对这些问题进行探索，将有助我们理解 10 世纪以后关中士人建构身份认同的各种方式及背后所涉及的政治、社会、文化和思想的因素，同时也提供另外一种角度让我们审视国家与地方不同层次的关系。

因此，地方史研究不应该仅仅是为了显示一个地方的文化传统的独特性和优越性。从功能上而言，地方史研究重视地域差异，它所能揭示的一些历史现象，是我们纯粹从国史的视域出发所无法解释的。但更为重要的是，它能让我们一窥当一场全国性的思想运动如理学遭遇地方上固有的文化传统时，会碰撞出什么样的复杂多彩火花。本书以关中地区的理学运动—关学—为论述的主线，正是基于这样的考虑。

此书的中文版得以出版，首先得感谢彭国翔教授向浙江大学出版社推荐，以及译者刘晨博士，出版社编辑赵波先生，还有我的研究助理王楠、王学深等同学的的辛勤劳作。彭教授和我同属由台湾吕妙芬教授主持的"明末清初思想史再探"的研究计划的成员之一，在吕教授的牵线下，我得以向其他成员学习，获益匪浅。吕教授也为本书的英文原版写书评，其中多有谬赞之处，在此一并致谢。

求学生涯把我从亚洲临近赤道的热带小国带到北美，学成以后又回到小国服务至今。无论是在新加坡国立大学或是哈佛大学，师长们的教诲是我一生的财富。陈荣照教授、苏新鋈教授、包弼德教授、杜维明教授，以及已故的孔飞力教授对我的种种帮助和启发，是我毕生都不敢忘的。

学术的道路虽说是寂寞的，但我是幸运的。哈佛求学时期的同窗，新国大的同事和学生，时刻都在督促我，提醒我不进则退的道理。理学家讲究师友渊源，其中的深意我越来越能够体会。

是为序。

2017 年 4 月 10 日
草于星洲

目录

引　论

　　"关中为古帝王之州。自周秦以迄汉唐，莫不代建国都。宅中驭外，不惟典章制度，艺术文物，足以代表吾民族之伟大精神者，均以此为渊薮。而山川城郭，宫室园囿，胜迹名踪，所在皆是。即《黄图》、《决录》、《雍录》诸书，考其大凡，亦信乎为吾国文化之源泉地也。自唐之末，政治失其中心，遂陷于崩溃。南宋以后，沦于异域者近三百年，先民建设，益复荡然。降及明清，亦仅视为边防要区而已。吾族文明创造之精深，与夫河山景物之壮丽，鲜有人注意及之。不亦重可惜欤？"[1]

这段话来自郭英夫于1934年为毕沅（1730—1797）的《关中胜迹图志》的重印版所作的序言，从中我们可以看到，作为古代长安（今西安）所在地的关中，自从唐末失去国都地位起便开始衰落，并且再也 2 无法重振昔日辉煌。郭英夫在那个民族主义意识高涨的时代写下这篇序，并不是为了让读者们关注唐以降就困滞于漫长衰落的关中，而是要他们记住关中辉煌的过往，并珍视那些曾经界定、完善过中国文化的关中地方俊杰的成就。他的目的是号召大家重建西北，复兴中华。[2]

　　快进至2003年。时任西安市委书记的崔林涛在为刚出版的《古都西安》丛书作的总序中写道：

---

[1]　毕沅《关中胜迹图志》，第1页，郭英夫序。
[2]　同上，第1—2页。

1

  "'一座城市的历史就是一个民族的历史。'古都西安就像一部活的史书，一幕幕、一页页记录下中华民族的沧桑巨变。古都西安见证了'文景之治'、'贞观之治'、'开元盛世'的鼎盛辉煌，然而，往日这个帝王们希冀长治久安、长久和平的长安城也几度衰落，数遭兵燹，令人扼腕地一度衰落了。……江总书记在西安论述中国实施西部大开发战略时还说过，中国曾有过盛唐时期的辉煌，但安史之乱后衰落了。现在我们的任务是要实现中华民族的伟大复兴。因此，他多次强调我们的各级领导干部和年轻一代要多学习和了解一点历史，从历史中汲取文化的养分。"[3]

虽然两序的写作时间相隔70年，郭英夫和崔林涛所描述的关中历史却惊人的相似：汉唐的曾经辉煌及随后的长期衰落。在这种观点之下，关中历史被视作整个中国历史的缩影。这一民族主义（nationalistic）话语背后存在着一个现实考量：对于一个地区来说，只有当它具有双重贡献时，它的历史才值得铭记。首先是助益于构造"中国性"（Chineseness）的超历史的定义（ahistorical），其次又有辉煌的过去可以用来激发国民中的民族主义情绪。唐以后的关中象征着在过去一千年间中国所走的歧途。在当今这个中国奋力追赶其他国家的新时代，崔林涛认为，中央正尽其所能纠正历史上曾对西部地区犯下的错误。但他同时也暗示，要了解这些错误就必须研究唐以后的西安历史，以免重蹈覆辙。

  杜赞奇的里程碑般的著作《从民族国家拯救历史：民族主义话语与中国现代史研究》，对这种以民族国家为中心的观点进行了精妙的探讨和批评。杜赞奇认为，关于中国（或者其他任何国家）的历史叙述若是建立在这样一个目的论式的假设之上——它是一个有着悠久且不间断历史的民族国家——那么这一叙述将会压制其他可能的叙述，因而无法准确反映其历史的复杂性。关于唐以降关中历史的叙述正是这样被民族主义话语压制和边缘化的。这种从20世纪初便主导了我们

_____

[3] 方光华等著，《关学及其著述》，第1-2页，崔林涛序。

对此区域历史的理解的"衰落论"，即使不算是误导性的，也至少是片面的。

　　然而，即使我们质疑把民族国家作为分析历史起点的有效性，我们也不能否认那些作为政治实体的、曾经统治中华大地的王朝在塑造被统治者的历史意识方面曾发挥过的重要作用。事实上，正如本书书名所示：本书的主旨在于研究"关中"与"中国"在历史上的互动。通过把关中历史置于中国历史的框架内，我想表明过去人们总是从更大的政治和文化体系的层面上来思考关中，这一体系后来被后设地称为"中国"。

　　"关中"这个名字预示着这个地区的战略位置。从战国时期起，周围的群山上就筑起了无数的关隘以抵御入侵。"关中"一词最早出现在《战国策》中，此书是在公元前1世纪由更早的史料编撰而成的。最初，"关中"指函谷关以西的地区，因此它有时也被叫作"关西"。"关西"并不指代任何固定的边界。然而，随着时间流逝，人们试图用更多的关隘来为这个区域界定一条更为精确的边界。[4]一则3世纪的史料将关中界定为函谷关以西、陇关以东的地区。[5]后来，又有人用4[6]个或5[7]个关隘来界定此区。无论如何，由这些关隘围成的区域面积约为39200平方公里，是新泽西州的两倍还稍多一些。从历史上看，这个区域即《尚书》里说的"雍州"，也是战国时期秦国的所在地。因此，它也常常被简称为"雍"或者"秦"。它西起今天的宝鸡，东至今天的潼关县，横跨大约360公里。在它西面，一条穿秦岭而过的狭窄山道提供了从四川经陕西南部进入关中的通道，此道由大散关守卫。在关中以东，南流的黄河在潼关因秦岭阻挡而向东流去，经过函谷流入华北平原。而被秦岭、中条山和崤山环绕其间的函谷，就是赫赫有名的函谷关曾经矗立的地方。黄河也为如今的陕西、山西和河

4

---

[4]　史念海《古代的关中》，第26—27页。

[5]　刘庆柱辑注《关中记辑注》，第1页。《关中记》常被认为是潘岳（247-300）所作，全文已不存。此书由散落于其他典籍的零星片段辑录而成。

[6]　这4个关是指东面的函谷关，南面的武关，西面的散关和北面的萧关。参见司马迁《史记·项羽本纪第七》中裴骃集解引徐广说，第315页。

[7]　这另外一关是指北面的临晋关。参见司马光《资治通鉴》卷8胡三省注，第282页。

南省提供了天然边界。在关中以南，秦岭自古以来就构成了一道天然屏障，让人无法轻易进出长江中上游地区。因此，夺取这一带众多山道的控制权对于军事胜利至关重要。关中以北是一条山脉，由西向东包括岐山、黄龙山、子午岭在内。再往北越过今天的延安便5 是雄伟的横山山脉，在那里数个政权曾修筑过长城的不同部分，并将其作为天然地界将游牧民族与农耕社会区分开来。[8]

流经关中的大河有黄河、渭河、泾河与洛河。在古代，它们为进出关中提供了交通之便。但随着时间的推进，水路交通变得不那么受6 欢迎。因为一些河流的改道急剧地改变了水系的结构，[9]但更重要的原因是河流水位降低、流量剧减，一些小的河流甚至已经干涸。例如，汉代"八水绕长安"之一的滈河到了隋唐时期就消失了，就连渭河那样的大河也渐渐变浅。战国时期，即使是在低水位的冬季，渭河上也能通行重型漕运船只。到了定都长安的隋唐时期，这条河还常常用于从东部地区调运漕粮，京都附近的河岸两边也因此码头林立。但此时期的渭河水位与过去相比已经显著降低，因为当时需要从河的南面挖掘沟渠来弥补河道深度和水量的不足。到了北宋，都城定于华北平原，即位于关中下游、靠近黄河的开封和洛阳，于是渭河便主要被用于将漕粮和其他物资向东运出关中，但也仅是偶尔为之。自宋代以后，渭河作为漕运的主要水路的功用便鲜有记载了，原因之一可能就是那时的河道对于重型漕船来说太浅。[10]

可以想见，关中地区日益严重的干旱严重影响了农业生产。但是，这个地处陕西中部、常被称作"关中平原"的地区在自然资源和7 气候方面却远胜陕北和陕南。虽说是"关中平原"，但陕西中部的地貌却与一望无垠的华北平原迥然不同。事实上，这里不是平原而是

---

[8] 陕西军事历史地理概述编写组《陕西军事历史地理概述》，第109-126页。

[9] 王元林《隋唐以前黄渭洛汇流区河道变迁》、《隋唐五代时期黄渭洛汇流区河道变迁》、《宋金元时期黄渭洛汇流区河道变迁》。

[10] 史念海《论西安周围诸河流的变化》。1220年，陕西一位叫把胡鲁的省级高官建议以渭河代替陆路来将漕粮向东运出陕西。这个建议被采纳，并被认为因此使漕工们免于过度劳累。参见脱脱等《金史》卷108，第2390页。这意味着到了13世纪初，走渭河水路已非漕运的常规，而是一种例外了。

高原——一则清代史料中记载了在古代有名可查的高原就有 50 个之多。[11] 往北，关中的地势逐渐平稳上升，直到成为陕北高原——黄土高原的一部分。那是一个山岭纵横、土地贫瘠、灌溉不畅的区域，不适合农业生产，因此也是全国最贫困的地区之一。从关中向南越过秦岭便是陕南，一个河谷盆地众多、土地相对平坦肥沃的地方，也有较好的水系。与陕北相比，这里更适于农业生产，但是这个早在元代就被划入陕西省的地区直到清朝初年才开始快速发展。

在施坚雅（G. William Skinner）著名的"区域分析"理论的框架下，陕西中部占据了"西北宏观区域"核心部分的一半，而另一半则扩展至今天的山西省，沿汾河延伸至今太原。[12] 施坚雅的分析对于我们理解陕西在中华帝国的空间结构中的角色有深远的意义。比如陕南，虽然在行政区划上自从元代起就是陕西省的一部分，但由于秦岭隔开了它和陕西的其余部分，它被划入了另一个宏观区域内。施坚雅提醒我们，行政疆界并不一定是界定区域的最自然方式，特别是考虑到经济或其他方面的互动。但对于关中来说，国家设立的行政区划曾经并仍然深刻影响着对该区域的构想。虽然"关中"一词最初只指代关内（即大约今天的陕西中部）区域，它也经常被用作整个陕西省的代名词，其边界远远超出了那些关隘。例如，陕西学者李元春（1769—1854）在编纂《关中两朝文抄》时所收录的作者来自陕西全省，既有关内，也有关外。清代陕西省地域其实只有明代的一半大，因为另一半在清代时被划入了新建的甘肃省。李元春在编纂这部文抄的明代部分时毫不犹豫地将当时行政上隶属甘肃的作者也统统收录。[13]

在某种意义上，把整个陕西都叫作"关中"是荒谬的，因为陕西中部——字面意义上的"关中"——与陕西其他地区在文化上有很大差异。例如，明清时期陕西中部过春节的习俗就相对统一，但却与陕

8

---

[11] 胡渭《禹贡锥指》，第 321–322 页。

[12] Skinner, "Regional Urbanization in Nineteenth-Century China", in idem, ed., *The City in Late Imperial China*, pp. 212–13.（译者注：此书已有中译本：施坚雅主编《中华帝国晚期的城市》，中华书局 2000 年出版。）

[13] 李元春《关中两朝文钞》。

南和陕北的习俗不同。[14]语言学家的研究也显示，与陕南和陕北的方言相比，陕西中部方言具有更大的内部连贯性，因此应该作为一个语言单元来分析。[15]这就意味着作为一个省的陕西完全是被国家力量捏合成的一个行政单元。显然，李元春信奉这一国家设立的边界，因为他所编的文抄中的文章不只来自关中，而是来自整个陕西省。

然而，李元春在书名中弃用官方名称"陕西"而选择"关中"的做法是耐人寻味的。在某种意义上这是一个合理的选择。一见到"关中"这个名字就会勾起一种对其历史（这个名字自从战国时代起就被使用）与特定性的感知（它指代一个边界清晰且与众不同的区域）。同时，它还承载着一个超越当代史的强大的文化传统。这个传统被认为是由伏羲、文王、武王、周公等上古圣君发明并传承而下的。简言之，李元春是将政治实体"陕西"重新构筑成了一个文化实体——"关中"。这自然地引出了一个问题：我们应该如何定义"地方"（locality）？是依据行政疆界、自然地形、文化遗产，还是三者都用？李元春也许并
9　不认为这是需要探究的问题。但对于一个表示要为地方写史的当代历史学家来说，这是一个需要仔细检讨的重要的概念性问题。换句话说："地方"的意义为何？为什么关中可以称作一个"地方"？

显然，一个地区只有在被视作某个整体的一部分时才是"地方"的。说一个地区有"地方"史就意味着这个地区有一个历久不变的特定认同。这种地方性（locality）或者与其他同样拥有特定认同的地区并存，或是存在于一个拥有更广义身份认同的较大地区内。当一个地区被认为是一个"地方"时，对它的探寻就意味着对其身份构建过程的探究。我们若以这个角度来写地方史，需要回答两个问题：这个地区的人们——无论如何界定——是否赞同这一观点，即只有当地人具有（assume）某种特定身份认同时，该地区才能被认为是"地方"的？如果赞同的话，他们是以什么形式来谈论和书写"地方"的，他

[14] 张晓虹《明清时期陕西岁时民俗的地域差距》，《中国历史地理论丛》1997年第2期，第209-220页。

[15] 杨春霖《陕西方言内部分区概说》，《西北大学学报（哲学社会科学版）》1986年第4期，第64-70页。

们表现地方的方式是否有空间和时间上的差异？

约翰·达第斯（John Dardess）关于明代泰和县的专著探讨了一个地区作为"地方"的身份是如何建立在当地士人的身份认同之上的。达第斯认为，明代初年泰和县士人仕途顺遂之时，拥有泰和这一身份是他们引以为傲的。但是到了晚明这个地区不再拥有这么多官员时，作为一个泰和人便不再那么值得自豪了，泰和人也不再表明自己的地方身份。达第斯特别注意到泰和士人产生当地认同的一个重要方式是对故乡风景表示赞赏。明代早期，当地景点通过诗歌和绘画的形式广为传播。这些媒介也成为在全国性美学传统中确立泰和地位的一种手段。但到了晚明，地方身份认同在全国层面上不再有用时，关于当地风景的作品便大多销声匿迹了。[16]

达第斯这一观察把学者的视角聚焦在国家和地方的关系之上。简单来说，达第斯认为只有当泰和在国家层级上的成功被确认时，"地方"对泰和人才有意义。没有国家层面的成功，作为自豪感来源的"地方"便从他们的作品中消失了。这促使达第斯认为，"在帝制中国的晚期，大概纯粹的地方史并不存在"，因为"地方"的存在完全依赖于国家层级上发生的事。[17]

地方主义真的在晚明时期的泰和消失了吗？包弼德（Peter. Bol）认为，我们在泰和精英群体中所见的并非地方主义的消失，而是话语外延的一种转变。他援引阳明学的地方化为证。达第斯认为16世纪泰和的哲人是以个人身份而非群体性的泰和身份来融入当时思想世界的。与之不同的是，包弼德注意到泰和人所推崇的阳明学有其"江右"地域特色、并与泰州思想家所主导的"江南"学派相抗衡。在包弼德看来，泰和的时局变迁导致了一种特定地方身份被另一种地方身份所替代。[18]

但包弼德并不否认国家层级的重要性。事实上他对金华的研究显

10

[16] Dardess, *A Ming Society*, pp. 33-44.
[17] Dardess, *A Ming Society*, p. 250.
[18] Bol, "The 'Localist Turn' and 'Local Identity' in Later Imperial China," p. 41; 参见Lu Miaw-fen, "Local Identity and Learning in the Late Ming Yangming School in Jiangyou."

示，士人群体中地方身份认同的建立常常与该群体成员想在国家层面上获取的成就密不可分。他认为，晚明金华的个案"提醒我们地方身份话语要从其相对于国家而存在的角度来理解，地方身份的（重新）建构是一种手段，旨在改变当地社会，并增加该地区在国家生活中的参与度。"[19] 换句话说，地方主义在晚明金华的兴起其实是对一股渴求地方身份的全国性浪潮的回应。与之相似，安东篱（Antonia Finnane）对扬州的研究和史蒂文·迈尔斯（Steven Miles）对广州的研究显示，19 世纪士人中地方身份的构建是被大清帝国不断演变的跨区域互动所塑造的。[20]

11 　　近来的地方史研究总提醒我们注意国家与地方间的此种复杂关系，鉴于此，关中的例子显得尤其有趣。虽然许多地方在某个历史时期占据了中国政治或文化中心或主导的地位，例如戴福士（Roger Des Forges）研究的豫北或裴士锋（Stephen Platt）研究的湖南，[21] 关中却能将国家的过往当作自己的地方身份——其他绝大多数地区都无法做到。如前所述，关中是传说中的几位圣君的故里，数个朝代的都城以及多位帝王高官墓地所在，并且在更近一些的宋代产生了张载（1020—1077）这样一位享誉全国的人物，从元代起他的正统性便得到国家认可。因此，当地人可以同时从国家和地方两个层面来构想关中的历史文化图景。贺瑞麟（1819—1893）在骄傲地说出下面这番话时表达了许多人的心声：

　　　　关中之地，土厚水深，其人厚重质直，而其士风亦多尚气节而励廉耻。故有志圣贤之学者，大率以是为根本。[22]

这样的宣言为读者解释了关中为何既具有独特性又有普遍相关性。在

---

[19] Bol, "The 'Localist Turn' and 'Local Identity' in Later Imperial China," p. 41.

[20] Finnane, *Speaking of Yangzhou*, pp. 265-95（译者注：此书已有中译本：安东篱《说扬州：1550-1850 年的一座中国城市》，中华书局 2007 年出版）; Miles, *The Sea of Learning*, pp. 5-9.

[21] Des Forges, *Cultural Centrality and Political Change in Chinese History*; Platt, "Hunanese Nationalism and the Revival of Wang Fuzhi, 1839-1923."

[22] 见《清贺瑞麟识》，收入冯从吾《关学编》，第 125 页。

贺瑞麟看来，关中文化的精髓在于其深度与实质。这种文化虽是地方性的，但它却是全国层面的移风易俗应当起始的地方。关中的传统即圣人的传统，也即贯穿了时空的士人的传统。

此处贺瑞麟把重点放在了"士"身上（或者依语境可另称为士大夫、士人、士绅）。他提醒我们这里说的"地方"指的是士的"地方"。因此，任何关于地方身份认同建构的研究都必须考虑士人的自我表现。

虽然我出于方便经常使用"literati"来翻译"士"，但其他学者也使用"aristocrats"（氏族），"scholars"（学者），"scholar-officials"（士大夫）或"gentry"（士绅）等术语来指明和强调"士"在不同时期的不同特性。这些做法引起了许多争议。[23]尤其是关于什么样的特征能够使人称得上"士"的问题。当然，一个显而易见的标准是一个人是否拥有官职或拥有科举功名，这能让他拥有受国家认可的尊贵地位。在此书中，我用"关中士人"一词来宽泛地描述那些属于这一特殊阶层、且又有较强的关中背景（基于出生于此或移居到此）的人。然而，我绝不是想暗示在历史上有这样一群人因其"关中性"而特殊，也不是想说这个群体的成员资格一直是清晰明确的。换句话说，使用"关中士人"这一简称并不能成为我们避开棘手的概念问题的理由。比如，家族中上辈或上上辈才移居到关中的人可以算作关中本地人吗？或者一个户籍在关中，但其大半生都生活在关中以外或者其祖辈在他出生前就离开了关中的人呢？或者从职业方面来看，一个买官的明代商人能算作"士"吗？一个当了军官的宋代官员能否保留其被称为"士"的资格？再如，元代一个受过儒家经典教育但却选择去当小吏的人呢？所有这些案例我们都将在本书中遇到，对它们的细致研究能够告诉我们"士"这个称谓是如何在复杂的政治、社会和文化环境中被商讨与定义的。下面的章节中将要探讨的问题包括：作为一个关中的"士"意味着什么？它的意义是否随时间而变？如果是的话，它在怎样的情况下产生了变化？

追问这些问题其实是在探寻社会流动性的议题。西方汉学家对中

12

---

[23] 例如"gentry"这个词的功用就曾引起争议，见何炳棣《明清社会史论》第37—38页。

国地方社会史的兴趣主要源自关于中国历史上社会流动性的激烈讨论。为了挑战中国晚期帝制的社会流动性主要基于功名与官职这一早

13 期观点，[24]希拉里·贝蒂（Hilary Beattie）撰写了一部关于桐城精英的、引人深思的著作《土地与家族在中国：关于明清桐城县的研究》。她注意到一些精英家族可以维持显赫达数百年之久——而这并非完全依赖于家族成员登科或做官，对她所研究的家族来说，土地是一笔更为可靠的财产。

这两种角度的争议对于我们了解士人与国家的关系有诸多深远意义。如果登科和做官是通向成功的唯一途径，那么那些精英们应该会围绕建立全国性的关系网来制定策略。而如果这些精英能够依靠其他手段（例如持有一定数量的地产）来维持其社会地位的话，那么建立全国性的关系网络就不那么重要了。周锡瑞（Joseph Esherick）和冉玫烁（Mary Rankin）编撰的《中国地方精英及其维持地位的方式》所收录的文章，其主题便是明清时期中国各地的地方精英是如何建立领导地位的。该书作者们通过共同努力而得出的一个结论是精英们的领导地位也因地区而异。因此，我们既不能认为"所有的县城精英的行事因为在同样的行政区划下而基本相同；也不能期待所有生员会因为其拥有相同头衔而行为一致。"[25]因此，倘若要体会中国地方精英的多样性，开展对区域的深入坚实的研究便显得至关重要。

韩明士对于江西抚州精英的极具影响力的研究，也肇始于对现有的关于宋代社会流动性的学术讨论的不满。针对贵族制的崩溃以及科举制在招纳有志之士方面扮演着越来越重要的角色，一些学者认为这表明宋代的社会流动性非常可观，而其他一些学者则试图呈现社会分

14 层变得比看上去更加固化。[26]韩明士通过聚焦北宋和南宋精英的应对

---

[24] 参见 Chang Chung-li, *The Chinese Gentry*（译者注：此书已有中译本，张仲礼著，李荣昌译，《中国绅士：关于其在 19 世纪中国社会中作用的研究》，上海社会科学出版社 1991 年出版）以及何炳棣《明清社会史论》。

[25] "Introduction", in Esherick and Rankin, *Chinese Local Elites and Patterns of Dominance*, p. II.

[26] 参见 Edward Kracke 和 Robert Hartwell 之 间 的 论 争：Kracke, "Family vs. Merit in Chinese Civil Service Examinations Under the Empire"; and Hartwell, "Demographic, Political and Social Transformations of China."

策略而加入了这场论争。他对宋代社会流动性的学术争议的回答表明了精英们能够通过多种策略维持他们的主导地位，这使得那些背景较为卑微之人难以进入他们的圈子。然而更为重要的是韩明士提出，一种他定义为"精英地方化"的现象出现于北宋、南宋之交。正如他在书序中所说，他主要考虑的是提供一个微观研究以支持郝若贝（Robert Hartwell）观察到的这一现象：宋朝早期主导朝野政治的"专业精英"（professional elite）们在 11 世纪期间逐渐变得与"地方士绅"无法区分。换句话说，到南宋时，专业精英已被地方士绅代替，不再是一个可独立区分的社会群体。[27]

　　韩明士相信，精英的这一社会转变可以解释南宋及后世出现的诸多现象。要而言之，北宋时精英们多以国家为导向，并将出仕视作终极的职业选择。因此他们更愿意通过婚姻和其他社会交往构建全国性的社会关系网络。与之相反，从南宋开始，精英们采取了非常地方化的策略，方式包括在当地构建婚姻纽带、扩展精英阶层以容纳非官僚体制的"职业"等。[28]

　　在他更早期的关于抚州的著作中，韩明士只是将精英的地方主义视作一个社会现象，并没有考虑那些他称为"精英"的人的思想和文化追求。他主要关注的是精英们如何采取不同的策略登上社会的成功阶梯或维持他们的现状。后来他在与谢康伦（Conrad Schirokauer）共同主编的一个论文集的序言中，通过援引多位学者的发现重新阐述了他早先的设想，对文化和思想领域着墨更多。他认为，南宋精英地方主义的增长是以理学的传播以及主张政府应减少对地方社会的介入等特定理论为标志的。[29]

15

　　从某种程度上来说，韩明士是在回应研究晚期帝国和现代历史的学者们所关注的一个重大议题：政府—社会关系。韩明士所描述的精英地方主义的兴起，事实上指向了"社会"作为一个不受政府直接掌

---

[27] Hartwell, "Demographic, Political and Social Transformations of China."

[28] Hymes, *Statesmen and Gentlemen*.

[29] 参见 Hymes and Schirokauer, *Ordering the World* 的 "Introduction" 部分。这篇引入是与 Conrad Schirokauer 共同执笔的，但涉及精英策略的演变那一部分很可能是韩明士所写。

控，而是由地方精英引导的"公共"空间的兴起。我们是否应像一些研究帝制晚期和近代时期的历史学者提议的那样把这一空间称作"公共空间"仍然有待商榷，但韩明士的结论的确让我们理解这样一个事实：宋代精英并非如我们所想的那样总是以国家为主导的。

韩明士的这一设想成形以来，受到的检验大部分是来自对中国南方的案例研究。我们必须追问的是：考虑到北宋灭亡之后秦岭淮河以北的土地都是由外族政权占领，北方人士的经历与南方截然不同，那么北方究竟发生了什么？不幸的是这个问题一直没有得到探寻，因为我们对这一区域的状况所知甚少。因此，本研究将焦点放在关中，探讨当地精英在不同时期采取的各种策略，以及地方如何看待中央政府与社会之关系。

需要注意的一个重要问题是：韩明士把"地方"这一观念视作理所当然。对他来说，地方仅仅代表了一个有行政机构的区域——例如抚州——并且"地方精英"就是指那些在当地生活了很久，以及那些在非官方的能力范围内担起了地方社群中领袖角色的人。在这一意义上，使用的"地方"本质上是与因中央政府后撤而空出的、地方层级上的一个空间相等的。从前面的讨论中可以明显看出，我们处理的事实上是关于"地方"的两个截然不同的概念：（1）一个在中央政府的直接干涉之外的、让那些不做官的精英拥有一定自由度的、能够有所作为的空间；（2）历史主体在构建一个区域的传统、历史和身份认同时表现出的一种意识。基于这样的理解，我们就不会讶异于一个人终其一生留在同一地区、做了当地社群的领袖，却对当地是否是"地方的"毫无兴趣。最终，地域对于其自我界定也许毫不相关。另一方面，一个人及其家族可以在离某地很远的地方生活了相当长的时间（迁出的例子），或者从别处迁移至某地（迁入的例子），却把该地区作为其自豪感的来源、并努力以当地为根基来构建他们的身份认同。

为了避免混淆，我保留"地方"这一术语来指涉第二种情况，并将它放入国家 / 地方（national/local）这一对立关系中。由于第一种情况主要是关于政府—社会（state-society）的关系，并且"政府"和"国家"通常被认作同义词，我将会使用"官方的"（带引号）来指涉通常被认为是"政府"的；用"非官方"（也带引号）来指涉通常被认为是"社会"的。我希望这个看起来有些奇怪的系统能够使这一点变得明晰：当我使用"官方"／"非官方"这组对立关系时，我事实上关注的是政府以及它所掌管的社会之间的关系。

还有一点很关键，我们需要记住：政府，或者"官方"，从来不是铁板一块。"官方"内部不同部门、层级之间的张力导致了"地方"的第三个维度，即地方政府部门及相应的主管官员。同样地，为了表达得更加清楚，我将使用"区域"（regional）来指涉从郡到路或州级的所有政府机关以及某些时期内在封地的政府机关——例如元朝的藩王府。处于行政管理机构谱系另一端的是中央政府或者说朝廷——我将用"中央"（central）这一术语来指代它。区域官员和地方精英之间的冲突与合作是中国历史上一个反复出现的主题，绝不是现代学术探索的新课题。[30] 学者们已经非常充分地关注到区域政府与中央政府之间发生关联的多种方式，[31] 但较少注意人们认识区域政府相对于中央政府所扮演的角色的多种方式。[32] 通过设定中央／区域这一二元关系，我想要表明无论是地方官员自身还是他们管辖的民众，在对区域政府究竟代表了哪一方——政府还是地方社会——这个议题上所持的观点并不一致，也非一成不变。此外，还有一点很重要，在推进这一二元关系时，我并没有预设可以把中央和地区视作没有内部冲突的统一单元，也不是说它们就一定彼此矛盾。我只是想表明，在大多数情况下中央政府与其地方代理机构有不同的优先考量，并且这些差异让我们能够将二者视作单独的——但绝非互斥的——实体来对待。

在本书的各个章节中，我追溯了从 10 世纪至 20 世纪关中文人及其文化的演变，希望能够描摹出唐代以降关中的面貌——这比《引论》

17

---

[30] 参见比如瞿同祖 *Local Government in China Under the Ch'ing*，第 168–192 页。

[31] 这一类研究的一个例子是 Endicott-West, *Mongolian Rule in China*。在这本书中，作者检视了监察官员达鲁花赤这一任命对区域政府的运行及其与中央关系的影响。同时可以参见 Joseph McDermott 在他为韩明士的 *Statesmen and Gentlemen* 一书所写的书评中的观点：我们应该考察中央政府与地方行政机构的关系。

[32] 韩明士在 *Statesmen and Gentlemen*（125 页）中顺带提到南宋抚州的精英们倾向于认为地方官员会维护他们执政的区域。

开篇那段民族主义话语的引言所描绘的关中更为复杂。我也将考察关中士人是如何认知这三组关系的：国家／地方，官方／非官方，中央／区域。要而言之，本研究的目的是要探讨在数个世纪的进程中，关中士人之间至关重要的群体自我意识的形成（或者说回归）、此意识在构建地方身份认同和为非官方精英的能动性促成一个"非官方"空间中所扮演的角色以及这一意识的存在（或缺席）如何影响了士人对中央和区域政府间关系的看法。

应当承认，这三组关系的"配对"在很大程度上是任意的。首先，这几组关系中每一对的构成部分并不是必然互斥的——这一点很清楚。例如，一个有很强的地方意识的人也可能认为自己是由有学之士构成的全国性社群中的一员，并且推崇一种共享的国家文化。这里的问题不在于是否存在一种共享的国家文化，而在于能否将它理解成具有地区差异，并且因此促进了一种地方身份认同的形成。

我们也需要叩问历史主体自身是否做出了我所提出的这些区分。这一点后面会变得明晰：答案依地点和时间而不同。例如，"公"这一概念有时候被用于指称一个由有学之士构成的全国性社群；其他时候则意指投入地方工程的公共精神，例如编写地方志——这一历史地理著作通常带有很强的地方身份观念。在第二种用法中，"非官方"与"地方"通常融汇为与中央相对的同一立场。与其生硬地定义"非官方"和"地方"，我们不如去识别历史主体在不同的历史情境下如何合并以及／或者区分了这几组关系，并考察他们这么做的原因。

此研究跨越了很长的时段——从10世纪至20世纪初，近一千年时间。根据我的研究目的，这一时间跨度可以再细分为三个时段，五代至北宋时期，金元时期，和明清时期。当然，断言以上任一时期内拥有内部一致性，或者从某一时期到下一时期间发生了彻底的变化，都是荒谬的。然而，我们可以找到较充分的理由来支持这种分期。在中国的其他地方以朝代更迭来为区域的历史发展分期可能不甚理想，因为这一形式通常优先考虑中央而非地方，并且以牺牲社会和文化史为代价来强调政治史。但对于关中来说，按朝代分期却是恰当的，因为正如我们将会在书中看到的，从根本上来说中央政府在界定关中士人的历史意识方面一直扮演着核心角色。这一观点在后面的章节中会得到全面呈现，但大体来说我认为：从本书所划分的一个时期到另一个时期，关中文人对这三组关系（国家／地方，"官方"／"非官方"，中央／区域）的理解方式发生了重大变化。　19

本书的第一章将会讨论五代—北宋时期。我想要呈现的是，从 10 世纪到 11 世纪上半叶，随着贵族家庭逐渐被依靠科举和为官维持显赫的官僚家庭取代，杰出的关中士人们大多着眼于在朝中立身扬名，并对中央政府掌控大部分地方事务感到满意。然而，随着时间的推进，主要由张载及其弟子引领的精英家族，越来越乐于在地方社会中发挥影响力。也许有些讽刺的是，这恰好发生在王安石（1021—1086）发起的新政之下政府试图扩展中央集权的时期。我们将会看到，张载学派的成员否定了新政的构想。他们主要关心的是探求一条将政府、精英家庭和社会结合为一个有机整体的建设性道路。

第二章将接着考察金元时期，这一时期的关中处于外族统治之下。1126 年金人入侵，这给当地社会造成了巨大破坏，根基深远的精英家族基本上都消失了，并且新的家族由于各种原因无法构筑起能够维持其成功的根基。此外，士人作为一个阶层的地位急剧坠落。他们无法再像宋代先辈那样自诩拥有超越其他阶层的政治和文化优越性。可以料想，士人文化的发展因此被打断。

直到 12 世纪晚期，重要的文人才再次出现在关中。即使在那时，北宋的遗产——尤其是张载的理念——看上去已经被抛弃。金代出现的第一代士人主要是因诗歌而被载入历史的。到 13 世纪，我们看到文化生产更大的多样性：当地文人开始大量撰写历史、历史地理和文学等方面的著作。到 13 世纪晚期，程朱道学开始占据舞台中心，但在 14 世纪 30 年代之后衰落。在这些状况之下，关中士人以本质上不同于北宋先辈的方式来认知前面定义的三组关系。　20

第三章考察明清时期。对于关中文人来说，明朝的建立标志着一个新的时代，因为有利的（favorable）国家政策为他们创造了新的机遇。15 世纪中期见证了一批强有力的家族的出现，他们能够复制自身的成功长达数个世纪。伴随着这些家族的兴起出现了一批全国知名的政治家和学者，士人文化因此而繁荣。在这一时期，我们看到道学领域的勃勃生机，并且它很快成为所有文人——无论其学术思想取向——必须回应的中心议题。与宋金转折不同，明朝的灭亡并未终止这一趋势。许多士人家族在朝代更迭中得以幸存，他们的文化也同样。虽然随着清朝的建立，士人文化的某些方面的确有所改变，但明人关于这三组关系的理念基本上为清代士人所继承。

最后我以一个结论章节来收束全书，在其中总结关中士人对这几组二元关系的理解方式如何随时间发生改变，探索这些转变意味着什么。我也提出了本研究对更广义的中国历史研究可能作出的贡献。

第一章

五代至北宋时期："新的起点"

　　任何关于唐以后关中思想史的讨论都必须从张载（1020—1077）开始。自朱熹（1130—1200）把张载和他的弟子写入道学运动的第一部世系——《伊洛渊源录》始，张载就与周敦颐（1017—1073）、程颢（1032—1085）和程颐（1033—1107）一起被视作道学运动的共同开创者。张载确实与其他几位"开创者"有一些共识，尤其是他也相信个人道德修养在追寻真理的过程中应占据核心地位。然而，这些"开创者"们从未有意要合作建立一个学派。事实上，他们同时代的人更有可能认为张载和二程兄弟这两个学派是在争夺学术上的领导权。比如，在一篇写于1107年的跋文中，二程最重要的弟子之一杨时（1053—1135）试图说服张载的弟子，把程氏兄弟视为真正的老师：

　　　　横渠之学其源出于程氏，而关中诸生尊其书，欲自为一家。　22
　　故余录此简以示学者，使知横渠虽细务必资于二程，则其他故可
　　知已。[1]

　　我们不太清楚杨时提及的是张载的哪一封信，但这一段话的意思却很明了：张载在关中的学生们不该试图独立于二程而另立学派，因为就连他们所尊崇的张载也是二程的学生。与此类似，二程的另一位

---

[1] 杨时《跋横渠先生书及康节先生人贵有精神诗》，见《杨龟山先生集》，26卷，1055-1016。

重要弟子游酢（1053—1123）也宣称张载与程颢交好且以程为师。[2] 二程学派的领军人物显然把宣扬张载学说的关中学者们视作竞争对手。[3] 这提醒我们：虽然后世将张载列为道学运动的"共同开创者"，但实际上，他对自己所处时代的多种迫切问题提供了迥异于他人的回应。此外，他的学说极具说服力，吸引了相当可观的一批追随者。截至 11 世纪后半叶，一个学术流派显然已经在关中形成。

　　本章我们将从张载学派兴起的历史背景入手，具体探讨这个学派的独特理念。我将论证，张载及其弟子处理前一节中提到的"三组关系"的方法，很大程度上是受唐朝灭亡后的两个世纪中关中特定状况的影响。这些士人的经历需要被置入唐宋转型的大背景之中来考察，即内藤湖南所说中国社会从"中世"到"近世"的转变。[4]

　　当张载学派的成员们回望之前数个世纪的发展时，他们特别注意到的是朝廷与士人间的隔阂日渐扩大。因此，他们把回答如下问题视作自身的责任：随着唐以后贵族世家的彻底瓦解，国家体系应该如何、可以如何重建，以吸纳那些血统已不再受朝廷承认的新兴政治文化精英？士人的学术应该如何、可以如何重新定义，以使士人能够在新的国家体系下恰当地扮演他们被赋予的角色？为了更好地理解张载学派所提供的答案，我们有必要先考察关中区域的发展、关中士人在唐宋转型中地位的变化，以及北宋士人与国家之间不断演变的关系。

关中与唐宋转型期的士人

　　唐宋转型最为重要的方面之一是人口变化。随着时间的推移，南方人口越来越多，同时曾经人口最为密集的西北却经历了较大的人

---

[2] 游酢《书明道先生行状后》，见游酢《游廌山集》，四库全书本，4.7a-8a。

[3] 关于两派之间的论证与矛盾的详细研究，参见 Kasoff, *The Thought of Chang Tsai*，第 137-147 页；以及姜国柱，《张载关学》，第 326-360 页。

[4] 见 Miyakawa Hisayuki（宫川尚志）"An Outline of the Naitō Hypothesis."

口波动。精确数据的缺乏及行政区划的变动让我们很难得出精确的结论，但我们仍然可以做个大致的估计。609年，陕西有747,526户人家。[5] 到618年，这个数字降到322,604。截至742年，户数上升至785,692，相较于唐朝早期，这是一个十分显著的增长。然而，8世纪50年代中期的安史之乱使人口剧减。一些县的人数仅仅是之前的十分之一甚至二十分之一。宋朝立国给了陕西人口一个缓慢恢复的机会。太平兴国年间（976—983），全陕西仅有约370,000户人家，这并不奇怪，因为这个地区才刚开始从黄巢之乱和五代时期的兵燹中恢复，但之后人口有了大幅增长。在宋建立约一个半世纪以后的1102年，陕西户籍达到了1,113,287户——彼时的历史最高值。然而，考虑到唐宋转型期间中国总人口的大幅增加，这个增长其实是缓慢的。实际上，关中人口占全国总人口的比例明显衰减了。[6]

　　这一衰减并非是大规模人口外迁造成的。实际上，精英家族的迁入也很普通，这意味着即使关中不再是全国中心，对这些家族来说它依然是一个宜居之地。这立即带来一个问题：迁入的这些家族能够多大程度上融入当地的社会和文化图景？史蒂文·迈尔斯对19世纪广州的研究告诉我们，初来乍到者不得不和当地占统治地位的世家争夺文化资源，并且在这一过程中两股力量所倡导的士人文化有着截然不同的形式。[7] 北宋时期的关中则目睹了迥异的情况。正如我们后面要讨论的多个案例所证明的，新来的家族很快便建立起坚实的根基——通常在一到两代之后——并成为当地社会的领导者。事实上，创建张载学派的士人们既有新迁入家族，也有当地世家。

24

---

[5] Robert Hartwell（"Demographic, Political, and social Transformation of China," p.426.）正确地指出我们应该统计户数而非人口，因为以下原因：1. 在一些年份，户数是唯一一纳入统计的类别。2. 户数恐怕是衡量实际人口的一个更好的指标，因为它可以避免人口统计中把某些类别（比如年幼者）强行排除的做法的偏差。

[6] 曹占泉《陕西省志》，第62—75页，第330页。1102年的户数看起来比唐代的最盛时期要更大，然而我们不知道确切的人口数。根据历史材料，742年关中的人口超过了300万，然而在12世纪初期，仅仅有200万——这一可谓不是显著的减少。然而，由于在宋代的材料中户数与人口数的比例相当的低（2.55，与此相比，唐代资料中显示有6），到底总人口是否有增减很难判断。

[7] Miles, *The Sea of Learning*, 尤其是第4—14页。

这些新的贵族家庭的涌入可以修正我们的传统印象——唐以后的关中完全失去了吸引力。

另一个与我们关于唐以后关中持续衰落的传统观念相矛盾的事实是北宋关中经济的活力。尤其是到了11世纪，关中农业已经从晚唐和五代期间地方战乱带来的破坏中恢复。许多资料表明，至少到11世纪中叶，关中不仅粮食可以自给，并且可以外输谷物到其他粮食短缺的地区。事实上，除了一些由于交通原因需要依赖从山西输入谷物的边镇，关中在整个北宋时期几乎都是自给自足。如果考虑到关中还提供着绝大多数的后勤物资以抵御西夏，我们就更能认识到自给自足的难能可贵。[8] 虽然在某些年份由于宋朝采取了更加激进的对外政策，对边境军队的供给因而不足，[9] 但是陕西的整体情况仍然是比较好的。史料显示，在许多地区军粮的储备可应对数年之需，当地官员主要关心的是如何防止这些粮食腐坏。[10]

虽然难以确知当地人口在多大程度上受益于好收成。一些资料显示，由于政府扣押了绝大部分收成以供防御，当地民众其实极少从农业部门的良好表现中受益。据苏轼（1026—1101）所言：

> 往者宝元［1038—1039］以前，秦人之富强可知也。中户不可以亩计，而计以顷。上户不可以顷计，而计以赋。耕于野者，不愿为公侯。藏于民家者，多于府库也。然而一经元昊之变，冰消火燎，十不存三四。今之所谓富民者，向之仆隶也。今之所谓蓄聚者，向之残叶也。[11]

苏轼或许有些夸张，因为1038年前后的差距并不像他所描述的那么显著。然而不可否认的是，与西夏战争的沉重负担给关中人民的生

---

[8] 杨德泉和任鹏杰《陕西在宋代的历史地位》，参见 SXTS, II:142–147。

[9] 梁庚尧《宋神宗时代西北边粮的筹措》，见氏著，《宋代社会经济史论集》，第 I:41–58 页。

[10] 见《宋史》，298.9921 和 320.10404。

[11] 苏轼，《上韩魏公论场务书》，《苏轼文集》，48.1393。

计带来了负面影响。事实上，到 11 世纪中期，宋朝已经把肩负战争重担的西北视作落后地区而给予当地更多科举考试名额。[12]

宋夏战争的另一个后果是为应军事需要而不断重组的行政区划。北宋期间陕西的原行政区划经历了一系列变化。最初，涵括如今陕西省大部分的行政区域被称作关西道，但是不久"道"就被改作"路"，关西道被重新命名为陕西路。这是中国历史上"陕西"第一次被用作行政单元的名称。

北宋后半期，陕西路被分为永兴军路（北宋唯一一个路级区划名称中含有"军"字的，很清楚地表明其战略地位）和秦凤路。严格来说它被分为六路，即永兴军，秦凤，鄜延，环庆，泾原和熙河。后面四路位于宋夏边界南边，因其与宋其他的路分不同，这四路是由军事长官（经略安抚使）而不是财政长官（转运使）所辖领的，因而显得不像宋代"正式"的路。[13] 正如贺凯（Charles Hucker）所指出的："在其他重要的朝廷使臣缺席的情况下——这发生在很多边疆区域——经略安抚使有时候就以都总管等头衔成为行政和军事事务的总调度者；他通常还兼任所处军州的知州。"[14]

这就是陕西四个特殊的路分的情况。"典型"的路分，通常由功能各异的机关分担行政权力、因而也是分权的，与之相比，由经略安抚使管理的路分显然是高度集权的。朝廷通常给予陕西的经略安抚使很大的自主权。比如，秦凤路经略安抚使范育（生卒年不详），曾受任暂理秦州事务，他在 1086 年曾向朝廷奏请，希望独立承担秦州事务、不受通判干预。这一提案的理由是秦州事务属于经略安抚使的管辖范围，严格说来并不属于州一级，而最终朝廷也批准了他

27

---

[12] Lee, *Government Education and Examination in Sung China*, pp. 154–160.

[13] 见《宋史》，175.2143. 永兴军和秦凤各有一个经略安抚司，但它们属于同一个转运司和提点刑狱司。并且，经略使和安抚使事实上是两个头衔。经略使掌管军务；安抚使基本上是一个为安抚遭受战争和自然灾害区域人民而特设的职位。然而，在其他的边境地区，比如河东和河北，安抚使是一个常设官，在陕西，所有的经略使都同时兼任安抚使之职。见《宋会要职官志》，41.79。

[14] Hucker, *Dictionary of Official titles in Imperial China*, 第 45–46 页。

的请求。[15]

简言之，这一时期关中的行政结构中，国家安全受到了最高关注。北宋关中士人的著作中，西北防御是最常见的话题之一，而且这一时期的人物传记通常都会讲到传主一生中曾在某个时刻对军事感兴趣。实际上，宋夏战争作为一种威胁，也为雄心勃勃的西北人提供了在军旅生涯中大展拳脚的机会。有些人继而发展出辉煌的文官事业，并确保了家族几代的成功。但这些家族及其成员只能算是"新秀"，因为他们并不属于世家大族或者那些好几个世纪都把持着进入政府门径的贵族。

士人身份认同的转变

隋唐两代，当长安在漫长的南北分裂之后再次成为统一帝国的政治中心后，包括皇室在内的世家大族的成员都倾向于搬迁并定居关中。这一时期的正史在某种意义上就是这批人的历史。五代期间，长安不再是都城，这些大家族中绝大部分子孙看起来都淡出了政治舞台，而关于他们活动的记录也鲜有留存。下面这个例子向我们讲述了一个大家族后人的命运：

> 李专美［约884—约945］，字翊商，京兆万年（今西安）人也……专美少笃学文，以父枢唐昭宗时常应进士举，为复试所落，不许再入，专美心愧之，由是不游文场。伪梁贞明中，河南尹张全义以专美名族之后，奏为陆浑尉，秩满，改舞阳令。[16]

李专美是姑臧李氏（这是唐朝皇室所属的陇西李氏的一个分支）的一员，而李氏正是占据中国政治舞台中心数个世纪的那些最显赫的贵族世家之一。李专美的祖先曾与其他的贵族世家——如清河崔氏，

---

[15]《宋会要职官志》，41.77. 在宋代，通判是由中央政府派驻于各州府以限制知州权力的官吏。因此范育的要求是很反常规的，朝廷对这一要求的批准表现出朝廷认可在处理边境事务时保持较高的灵活性以及授予经略使因时制宜之权的重要性。

[16]《旧五代史》，93.1229.

范阳卢氏，及荥阳郑氏等联姻。这些世家都通过不与非氏家大族通婚而尽可能保持血脉的"纯正"。这些世家的成员们，即使那些普通平民，据说都看不起高官：

> 唐太宗［627—649 年在位］曾降诏以戒其弊风，终莫能改。其间有未达者，必曰："姓崔、卢、李、郑了，余复何求耶！"其远者，则邈在天表，夐若千里，人罕造其门，浮薄自大，皆此类也。唯专美未尝以氏族形于口吻，见寒素士大夫，恒恂恂如也，人以此多之。[17]

李专美的例子证明了许多学者提及的一种趋势：唐宋转型期间，"士"从贵族向士大夫转变。[18] 寒门子弟对名门望族社会地位的挑战已有时日，至少从武则天（684—704 年在位）治下就开始了。[19] 到李专美的时候，这些氏族的权势已明显削弱，而它们的成员也必须依靠科举考试来获取官位。李专美的曾祖和祖父都是唐朝高官，但他的父亲在科考中失利，因而失去了做官机会。此外，李枢参加的复试考试并不寻常。那一场于 895 年举行的考试，表面上宣称是为了重新衡量那些已通过进士考试的候选人的能力，以确保候选人真正具有高水准。但真正的目的则是牺牲有贵族背景的人，从而给寒门考生通过的机会。[20] 我们无法得知李专美是否为父亲落榜而由衷地感到羞耻，还是在用被动的方式抗议越来越强劲的征召寒门子弟为官的势头。无论哪一种情况，这段记述中将父亲落榜和他拒考的决定关联起来，表现出家族荣誉事关重大，并且他仍能依靠家族声望进入官场。然而，他的良好出身仅能够给他一个很小的官位，李专美后来在官场上晋升到鸿胪、大理卿却不依赖于此。

[17] 同上，1230。
[18] 包弼德《斯文》对这一趋向有详尽的探讨，见第 33–58 页。
[19] 陈寅恪，《唐代政治史述论稿》，第 50–127 页。
[20] 见徐松，《登科记考》，24.903–911。李专美在《旧五代史》中的传记称李枢被禁止再次参加考试。但是在《登科记考》中引用了昭宗的诏书，说李枢在第二次考试中失利，但是被允许再考一次。感谢陈雯怡为我提供这则信息。

在 9、10 世纪，显赫家族的后人们不仅常常面临那些虽无贵族背景仍自称是士人的有学之士的挑战，还频繁受制于另外一个直接掌控政治权力的精英集团：军人。李专美的事例恰恰展现了这一时期士人所处的氛围：他需要一位军人——张全义——的举荐才能成事，而获得官位现在已成为士人显达的必需条件。士人可以依靠家族背景而非官职就能保持精英地位的时代已经过去。

在这些方面李专美并非特例。京兆杜氏的一员杜晓（卒于 912 年）曾任后梁宰相，但他的仕宦生涯始于唐末。他的父亲和祖父也都是晚唐的宰相。据载杜晓的父亲被昭宗处死后，他悲戚过度而隐居数年。

31　他拒绝了所有让他做官的举荐，直到伊佩霞研究过 [21] 的博陵崔氏的一员崔远问他：“吾子忍令杜氏岁时以铺席祭其先人，同匹庶乎！”杜晓深为所动，并同意出仕。[22] 因此对杜晓来说，出仕与否是关系整个家族的大事。如果他决定不仕，他的家族将无法维持士的地位。我们又一次看到，为官已经成为决定个人及其家族是否归属于“士”阶层的最主要因素。

由此，晚唐及五代的动荡为那些出生卑微但具有雄心的人开启了成为士、获得成功仕途的可能性。一旦个人被准许跻身高位，其家族成员进入官僚体制的机会便大大提升。这一趋势一直延续至宋，但却引出了下列问题：虽然贵族阶层已消失，但是否由于统治阶层的权贵们依然数代掌控进入官僚系统的门径，因而社会分层依然严格？还是随着作为选官体系的科举考试重要性的增加，社会流动性增大了？[23] 来自北宋初期关中的事例大体上支持第一种论断。虽然士的含义发生了重大变化，但我们仍然可以找到很多豪权家族世代利用恩荫特权使亲属获得官位的例子。雷氏和种氏就是这样两个家族。

---

[21] Ebrey, *The Aristocratic Families of Early Imperial China.*

[22] 见《旧五代史》，18.245—246。

[23] Kracke, "Family vs. Merit in Chinese Civil Service Examinations Under the Empire." 通过制作 1148 年及 1256 年两年的考试数据表，Kracke 论证道科举系统成功地选拔出更高比例的无明显官宦家族背景的人。然而 Robert Hartwell（"Demographic, Political, and Social Transformations of China," 第 147 页）指出，Kracke 仅仅关注了成功的科考者的直系后裔，而没有考虑旁系及其他家庭成员的作用。

两个成功案例

宋代的建立使得士人重新获得了高于武将的地位,宋代也常常被
称作"重文轻武"的时代。如果有机会,一个雄心勃勃的人自然会选
择文官而非武官生涯。然而,来自关中的事例却与这一惯见背道而 32
驰。得益于关中作为边塞的特殊性,军事机会十分充裕,这使精英阶
层的成员得以在文官系统以外,通过参与军事活动来确保家族的兴
盛。邠阳雷家就是一个精英家族以军功来辅助文官仕途的典型案例。
雷氏的成功之路始于雷德骧(917—992),他于953年通过进士考试,
并在后周朝廷任右拾遗一职。宋朝建立后,他成为殿中侍御史,后来
又在朝中担任其他一些官职。其子雷有邻(生卒年不详)在进士考试
中失利,但仍然获得了一个较低的官职——秘书省正字 。据记载,雷
有邻是通过举报几个有公务在身的朋友的渎职行为而获得官职的。[24]

德骧的另一个儿子雷有终(946—1005)则走了完全不同的路。他
通过恩荫入官,因政风强硬严厉而名声渐著。之后他升任淮南路转运
副使。由于这一任命下达之时他父亲已被派往两浙路任转运使,有终
得以频繁拜访父亲。时人对这一家族的荣耀多有铭记。[25]在他后来的
职业生涯中,雷有终成功镇压了一些叛乱并且得到了真宗(998—1022
年在位)的高度信任。在他死后,恩荫的特权得以延及其子、亲族及
门客八人。[26]当清代史家赵翼(1727—1814)批判宋朝给予过多的
恩荫特权时,他援引的其中一个例子就是雷氏。[27]

雷有邻这一支也同样成功。雷孝先(生卒年不详)是有邻之子,
他通过了进士考试并最终成为一位文武两栖的官员。孝先之子雷简夫
(活动于1040—1063)最初选择成为一位隐士,但仍然通过举荐而成
为官员。起先,他仅仅短暂出仕并且据说不愿意遵循常规的晋升和调

---

[24] 见《宋史》,278.9453-9455。

[25] 同上,9455-9456。

[26] 同上,9462。

[27] 见赵翼《廿二史札记》,25.425-426。

33　任程序。后来他却留在长安等待进一步的举荐。之后，他被命监管关中的三白渠的重建，据说他出色地完成了这一任务。接着，他又被任命为几个地方的知州。和他的父亲一样，他具有出色的军事才能并镇压了辰州的几次蛮酋叛乱，并因此获得了更高的官职。其子寿臣在简夫死后获得恩荫的特权。[28]

　　从雷德骧到雷简夫，雷氏家族不断培养出卓越人才的能力长达四世之久。毋庸置疑，家族是一个最主要的助力因素。然而，讽刺的是，几乎给他们带来灭顶之灾的，同样也是家族。991 年雷孝先被他的姑父卫濯指控为"内乱"。细节并不清楚，但孝先大概犯了淫乱之事。雷氏家族为此受到重创。孝先本人被流放，其祖父德骧及其叔父有终因对家族成员失于教养而被贬职。幸运的是，太宗皇帝（976—997 年在位）颇为宽容，雷氏家族因而得以从这一打击中恢复，未损害到有终和孝先后来的职业生涯。[29] 因此，家族的命运几乎完全仰仗皇帝的恩典。北宋初期，像雷家这样的官宦家族是帝国体制的一个不可或缺的组成部分，并且他们的命运在很大程度上与朝廷息息相关。

　　雷家在雷简夫之后衰落，他们的名字不再出现在正史之中。相较而言，另一个关中的文武世家——种家的成功却一直延续至北宋末。种氏本出自洛阳，但当种诩（生卒年不详）在 10 世纪被任命为长安主簿的时候，明显已在关中扎下根基。因此这是一个从外地迁入关中的家族的例子。种家第一个显达的成员是种诩之子种放（卒于 1015 年）。他是著名隐士，父亲要求他参加进士考试而他断然拒绝，并且经常拜访河南嵩山和关中东部华山的宗教场所——这两个地方都以隐士聚居

34　闻名。虽然他的兄弟们在父亲死后都谋求仕途，种放却带着母亲到终南山（即秦岭）隐居，在这个有着深远"出世"传统的地方，在那里他以教书为生。[30]

　　随着种放声名日著，朝中一些高官一再向皇帝举荐，因此他半仕半隐地过完了余生。据说晚年他开始在长安周围购置大量土地，有时

[28] 见《宋史》m278.9463-9464。
[29] 同上，9453-9456。
[30] 见《宋史》，457.13422。

强取，并从中谋得暴利。他的追随者们飞扬跋扈，且当地官员抱怨种放对他们不敬。但真宗在这些指责面前仍然维护了种放。他死后被埋葬在终南山，他的几个侄子获得了荫补特权。[31]种家和雷简夫的例子都向我们表明：关中士人文化中这股"出世"的倾向常常披着一层强烈的政治、社会参与意识的外衣，这种意识在某种程度上是由国家塑造的。通过赋予种放特殊待遇，使他能够过上隐士兼官员的生活，政府得以推动甚至界定隐士文化。据记载，"放每至京师，秦雍生徒多就而受业"。[32]"出世"已成为一种国家认可并且能够提升个人在当地影响力的活动。

在种放获得恩荫特权的侄子中最为成功的是种世衡（985—1045）。作为一位进士之子，种世衡在他父母过世之后与种放在终南山一同生活。通过荫补进入官僚系统后，他最终在对西夏战争中证明了自己是一位文武俱佳的官员。[33]从那以后种家数代居住在西北并且培养出了数位杰出的文武兼通的官员，其中大多数人都通过荫补入仕。他们先同西夏、后来又同金人作战。他们的军事才能受到高度赞赏，以至于《宋史》的修撰者甚至暗示，如果徽宗（1101—1125年在位）听从了 35他们的战略建议，北宋就不会被金人打败。[34]

即使在军务上表现卓越，种家依然像士人一样行事。在担任关中中心地带的武功县令时，种世衡据说废除了"淫祀"并取而代之修建了夫子庙——这是自称是笃定的儒家官员常有的做法。[35]他的长子种古（生卒年不详）在青年时代仿照种放选择了隐居，但最终仍然成为官员。[36]种师道（1051—1126）是种世衡之孙，也是张载的学生，在《宋元学案》中有传。[37]基于他们参与的上述这些定义了"士"的活动，种家显然试图以士的身份自居——虽然他们主要是一

---

[31] 同上，13423-13437。

[32] 同上，13424。

[33] 同上，335.10741-10755；范仲淹《种公墓志铭》中有种世衡的详细生平介绍。见氏著《范文正公集》，13.112-114。

[34] 见《宋史》，335.10755。

[35] 见范仲淹《种公墓志铭》，氏著《范文正公集》，13.113。

[36] 同上，13.114；同时参见《宋史》335.10744。

[37] 见《宋史》，335.10750；及《宋元学案》，31.62-63。

个武官家族。

正如郝若贝所论述的，一个显赫的官僚家族、一个通过世世代代把子孙送入官僚体系而专于文职的家族，在北宋的政治环境中面临着日益严峻的竞争。为了保持其精英的地位，他们必须逐渐超越文职行政工作，而采取多种策略来维系确保家族的持续繁荣。[38] 雷家和种家正是此种情况下通过非文官职务来维持家族显赫的两个例子。他们起家时都是典型的官宦家族，但他们都利用关中独特的位置所带来的际遇而涉足其他领域。

在一个"士"身份仍是雄心勃勃之人最重要的政治资产的时代，维持士的地位对于像雷氏和种氏这样的家族来说至关重要。政权间兵燹频发、终南山那里鼓励隐士存在的归隐传统以及发端于张载的思想运动，都给了关中精英家族无数在文官系统之外的施展机会，使他们能够在自居为"士"的同时保持家族繁荣。因此，他们的经历既是独属于关中的，但同时又与宋朝的整体环境密不可分。以朝廷为中心的国家政权的确在北宋关中的士人文化中占据显要地位。然而，在整个北宋时期士人对他们与国家关系的认知并不是一成不变的。事实上，在 11 世纪的最后几十年，一个重大的转变发生了。

士人与国家关系的演变

那些认为关中在唐以后急剧衰落的人，很可能会惊讶于关中人士在宋初期官僚体系中的成功。在 998 年，两个关中人士——来自鄠县的杨砺（931—999）和来自长安的宋湜（950—1000）—— 同时被任命为枢密院副使。[39] 杨砺是宋朝的首场进士考试中的状元。他在 960 年金榜题名，这一年也正是北宋建国之年。他以身居高位但仍然生活清简而闻名。在他死后，皇帝必须步行到他家，因为他所住之处街道太

---

[38] Hartwell, "Demographic, Political and Social Transformation of China," 第 420–425 页。
[39] 见《宋史》，6.107。

窄，皇帝的乘舆挤不进去，其清贫程度可见一斑。与其生活作风大相径庭的是，杨砺的文风繁丽铺排，而他在翰林院任职期间所写的制诰则被认为"迂怪"。[40] 杨砺没有大量作品传世，我认为杨砺确实曾试图打磨文采，尽管最终失败了。正如包弼德所讨论过的，北宋早期很多人坚信写出词藻华美的文章是能够为提倡文治的朝廷效劳的关键。[41] 我们可以假设，杨砺与同时代的很多人一样把效力朝廷看作自己的终极目标。不幸的是，我们对他所知甚少，因而无法得出确切的结论。相较而言，关于宋湜我们知道得更多，因而可以更加细致地探讨他和朝廷的关系。

和杨砺一样，宋湜为能够写出精美的文章下了很大力气，这表明他对文学写作的看法也是以朝廷为中心的。宋湜的曾祖和祖父是唐朝的县令，引用宋湜的传记作者的话，他们的官职使他们"屈于州县"。[42] 然而，中举为这个家族带来了至关重要的崭露头角的机会。宋湜的父亲宋温故在后晋（936—947）治下通过了进士考试。[43] 宋湜之叔宋温舒通过了宋朝的进士考试。温故和温舒这两支在培养科举方面都极其成功。总的来说，这个家族在三代之间至少培养了六位进士。除了考试方面的成就，恩荫的特权也被授予很多家庭成员，这更确保了宋氏成员的命运与朝廷休戚相关。[44]

宋家同样依靠与其他高官间的姻亲关系来提升在朝廷的影响力。宋湜的传记撰写之时，他大部分子女尚年幼，仅有一个女儿嫁给了杨坦，杨是真定人（现属河北省），时任屯田员外郎。[45] 宋湜之妻来自清河，属今天山东。显然宋家是在全国范围内与精英家族缔结婚姻关系。

这一情况同样发生在寇准（961—1023）身上，他来自下邽，是关中本地人，同时也是宋初最具影响力的大臣之一。寇准与宋湜在同一

37

[40] 同上，287.9644。
[41] 包弼德，"*This Culture of Ours*，"第 162 页。
[42] 杨亿，《宋公神道碑铭》，见氏著，《武夷新集》，8.2a。
[43] 同上。
[44] 同上。见《宋史》，287.9645—9646。
[45] 见《宋史》，255.8905。

年获得进士出身。[46] 他明显没有贵族背景，因为他的传记作者强调了

38 寇氏家谱的遗失。[47] 寇家大概在寇准父亲一代离开了关中，可以确定寇准出生在河北大名。后来寇准走上为官之路，看起来他的家族也来到洛阳定居，因为他将父母葬在西京，而他自己也葬于此地。虽然寇准到访过关中并写作了抒发思念故土之情的感人诗篇，[48] 但是他很有可能从未认真考虑过要搬回关中定居。实际上，他在长安时心中想念的是洛阳。[49]

我们对于寇准的母亲、祖母及曾祖母们一无所知，但许多和他夫人们的家族及他三位女婿（他膝下无子，而是过继了一位侄子）有关的细节却很明了。寇准的原配是许仲宣（930—990）之女，然而她在寇准飞黄腾达之前就去世了。[50] 许仲宣是山东青州人，出任过地方和中央的几个职位。[51] 寇准的第二任妻子是宋偓（926—998）之女，宋偓是一个有权势的洛阳军人，也是太祖（960—975 年在位）的岳父。[52] 事实上，寇准的权势很大，大到真宗皇帝虽然不情愿，却也只能同意他为科举失利的家族成员求功名的请求。[53] 寇准的每一位女婿都出身于政治和社会地位极高的家庭。[54] 他在促成一位侄女嫁给取得

39 进士出身、拥有灿烂前程的男青年高清（生卒年不详）一事中也发挥了关键作用。[55] 寇准的这些亲家有一个明显的特征：无论他们自称出

---

[46] 见杨亿《宋公神道碑铭》，氏著《武夷新集》，8.1a-8b；孙抃《寇忠愍公准精忠之碑》，收入杜大珪，《名臣碑传琬琰集》，2.25-34。

[47] 孙抃《寇忠愍公准精忠之碑》，收入杜大珪，《名臣碑传琬琰集》，2.25。

[48] 王晓波《寇准年谱》，第 206—213 页。

[49] 寇准《忆洛阳》，收于氏著《忠愍公诗集》，65b。

[50] 孙抃《寇忠愍公准精忠之碑》，收入杜大珪，《名臣碑传琬琰集》，2.33。

[51] 见《宋史》，270.9268-9269。

[52] 孙抃《寇忠愍公准精忠之碑》，收入杜大珪，《名臣碑传琬琰集》，2.33. 王禹偁《右卫上将军赠侍中宋公神道碑》，氏著《小畜集》，28.190-193。

[53] 另一个作出此种要求的人士毕世安（938—1005），他与寇准也有姻亲关系并且曾任参知政事。在此事件之后，真宗下诏禁止以此为先例再发出这样的请求。见 XCB, 59.15。

[54] 寇准的长女嫁给了王曙（963—1034）。次女和三女儿嫁给了毕世安之子毕庆长（生卒年不详），而他的小女则嫁给了张子皋（989—1038）；见孙抃《寇忠愍公准精忠之碑》，收入杜大珪，《名臣碑传琬琰集》，2.25-33，以及尹洙《王公神道碑铭》和《张公墓志铭》，收入氏著《河南先生文集》，12.7b-12a, 17.4b-7a。

[55] 高清先娶了寇准的侄女，在她去世以后，他娶了李沆（947—1004）之女。我们也知道由于由如此强势的亲家的后援，高清曾经欺压普通民众（XCB, 86.14-15）。

身何处，他们都住在都城或其附近，并且曾在朝中身居高位。[56]

宋湜以及寇准家庭的婚姻模式明显展现出他们在朝廷中寻求政治联盟的渴望——这是郝若贝和韩明士研究过的北宋大臣的典型模式。[57] 考虑到此种动机，这些显赫的政治家们对于地方事务的兴趣是微不足道的。在一个多世纪的时间里，史料中没有留下任何关于他们涉足地方事务的痕迹。例如，现存的五代至北宋前半期的记载地方工程的石刻中，没有任何材料表明这些朝廷高官曾领导过地方建设。[58]

随着关中要员们的目光撤离关中而聚焦于朝野，大部分的地方项目则由地方官员负责。地方精英虽然参与了一些宗教建设活动，但往往仅出于地方官员的敦促。[59] 即使在被详尽记载的发生于 975 年的一个地方案例中，一位乡贤发起了修缮同州龙兴寺佛塔的昂贵工程，但 40 碑记的无名作者轻易就把这项工程归功于节度使和当地官员的品德与才智，而此项工程的真正发起者在文中几乎看不到。[60]

我一直在使用含义相对模糊的词汇“地方精英”，是因为除了名字，我们对这些群体一无所知。该群体信息的缺失表明了这些无官衔的精英们在地方官员在场时通常是被边缘化的。例如，他们对治水项目的参与在同时期的历史材料中几乎隐没不见。每一次的记录都显示地方官员是主导者。

举例来说，永兴军的知府陈尧咨（1000 年进士）于 1014 年奉真

---

[56] 王家原本出自山西，后来在王曙将其父葬于河南时搬到此地；毕家原本来自山西云中，后来迁移至河南郑州；张家宣称源自今天山东的济阴，但已经定居在河南好多代了。

[57] 见 Hartwell, "Demographic, Political and Social Transformation of China"; Hymes, *Statesmen and Gentlemen.*

[58] 收入《关中金石记》的五代和北宋（到治平年间 1064-1067 为止）的 127 块碑，其中大部分是由来自帝国各地的士大夫竖立以纪念到关中某个景点的游览，或是诗歌和与经典或宗教有关的著作。其他一些则是朝廷或官方活动的记录，例如皇室成员向华山神灵祈祷；朝廷为神灵赐封号或者下令修建供奉孔子、前代帝王、官员的庙堂；或是地方官员拜访当地庙宇（最常见的是华岳庙）。见毕沅《关中金石记》，4.31b-5.25a。

[59] 比如在 1012 年，用于修复蓝田夫子庙的资金就是由十九位地方精英捐出的，但这 19 人是由地方官员推荐的。另外，1027 年，来自关中西部虢县的高安（生卒年不详）被知县要求为一间道观的翻新写一篇碑文。文章说到资金是由一位道士贡献的，没有任何当地精英被提及。参见董储《蓝田县文宣王庙记》，高安《凤翔府虢县重修至德常宁观记》，都收入《金石萃编》，129.4a-b, 131.4a-b。

[60] 见《重修龙兴寺东塔记》，《金石萃编》，130.2b-3a。

宗旨意到长安处理井水盐碱化的问题。这一难题显然已经存在了一段时间。陈尧咨率领约 50 到 70 人开凿了一个小渠道，并从约两里之外的龙首渠引水入城。[61] 长安的本地精英很容易就可以发起这样的工程，但并没有任何记录显示他们曾有过这样的行动。众所周知，即使在贵族社会解体的北宋初期，长安地区仍存在着势力强大的家族。例如一位北宋末期的观察者曾记录到的，在 10 世纪 90 年代，长安充满了权势之人和拥有荫补特权的家族，他们通常不遵循地方官员的命令。[62] 事实上，1015 年一位地方官员成功地上书朝廷，把这些家族中的违法成员送入京城治罪。[63] 然而，这些家族在地方建设的历史资料中却不见踪迹。

41 　　之后，关中精英的地方活动就明显多了起来。在二程兄弟文集中有一封程颐替某位自称"关西陋儒"之人所写的信。这封信没有日期，但可以确认是写于 1086 和 1107 年间，[64] 信是写给一位宰相的，催促他批准一个重修关中的郑国渠和白渠的提案。这正是一个地方士人试图在地方事务中留下自身印记的事例。信里写到，这位"陋儒"的祖父曾获神宗（1068—1085 年在位）召见，皇帝褒奖了他在熙宁年间（1068—1077）重修水渠的提案。祖父之后受命监管这项工程，但被两位"害能"的小人所阻。结果两渠依然废弃着，这一直是关中人民的遗憾。这封信将关中的粮食短缺和物价上涨归咎于灌溉的缺乏。如果灌溉系统能够重建，不仅这些问题得以解决，对戍边军队的供应也将大幅增长。但是作为一位离都城非常遥远的"陋儒"，这个请程颐代笔的人无从传达他的声音。幸运的是他认识了宰相，寄希望于宰相能帮助他和他的祖父完成心愿。[65]

　　这里提到的先祖实际上是侯可（1006—1079），他是程氏兄弟之舅，关中东部华阴人士，并曾任关中中部的泾阳知县。他在那儿重建

---

[61]《赐陈尧咨敕》，收入《金石萃编》，130.2b–3a。

[62] 江少虞《宋朝事实类苑》，第 276–277 页。

[63] XCB, 85.10.

[64] 信中使用了神宗的谥号，表明是在神宗的统治结束的 1085 年之后所写。而程颐死于 1107 年。

[65] 见程颐《代人上宰相论郑白渠疏》，收入程颢、程颐《二程集》，第 610 页。

了灌溉渠道并于 1074 年向朝廷呈交了上面谈到的提案，然而他的努力被粗暴地终结了。[66] 侯可是作为一位官员在试图推进这项工程，而他不知名的孙子在请求程颐写信时，却是以一位"非官员"的本地士人的身份试图影响由政府主导的工程。

关中士人在其他一些此前由国家主导的领域也发挥了他们的影响　42力。1088 年，士人们在武功修了一座唐太宗庙。这一类纪念过往朝代帝王的项目在北宋早期通常是由政府执行的，但这一次却是由一位当地杰出士大夫完成的。这一工程的碑记如下：

> 按唐纪，太宗文皇帝以隋开皇十八年十二月戊午，生于武功之别馆。有二龙戏门外，三日而去。是京兆府武功县之南，有唐庆善宫，今为慈德寺，乃其所也。北日报本寺，神尧之旧宅，先是县图虽载厥事，而祀秩无文。龙阁游公慨然兴叹，率里人即报本寺北隅，经始庙貌，法大壮以建殿宇……元祐三年，戊辰岁也，后十四载，洛阳赵茂曾被命长邑。一日，至祠下而龙阁公弟师韩语之，故且求以记，遂诺之。[67]

答应请求并撰写这篇碑记的是县令赵茂曾，全文以对"游子"（即引文中的龙阁游公）的长篇赞颂收尾。太宗在记文中实质上已不存在了。"游子"指游师雄（1038—1097），师承于张载，作为在朝内和边疆都颇有才干的官员而广为人知。他曾担任官衔较高的职位，但他为官的大部分时间是在西北边疆度过的。虽然如此，他与故乡武功的联系一直很紧密，即使在朝中做高官时也一直对武功的地方事务非常尽心。[68] 如果我们把游师雄和前面谈到的北宋初期大臣们相比，他们对地方的态度变化值得注意。对游师雄来说，唐太宗出生于武功这一事实大概与他是一位皇帝同样重要。确实，唐太宗代表着国家及其　43

---

[66] 见程颢《华阴侯先生墓志铭》，氏及程颐著《二程集》，第 504-507 页。同时参见《陕西通志》，39.93b-94b。

[67] 赵茂曾《修唐太宗庙记》，收入《金石萃编》，143.1b-2a。

[68] 张舜民，《游公墓志铭》，见氏著《画墁集》，9.73-80。

历史，但是在这里他同样代表着地方。我认为，这个案例所呈现的是一位著名的官员在推行一项属于"非官方"范围的工程，并通过援引事关整个王朝的记忆来提升地方的荣耀。同样值得注意的是，作为一个地方官员的碑记撰写者，如何利用通常用以评价政府工程的机会来赞美一位高调的、以"非官方"形式发起一项地方建设工程的士人。

关中精英们愈发积极活动的时期，正是在由王安石和他的支持者们发起的新法背景下政府试图渗透地方社会的时期。然而，由于种种原因，政府没能持续、长久地贯彻这一愿景。[69] 上述文献所呈现的政府对"非官方"范围内士人行动的偏好——这一转变正是政府逐渐减少对地方社会某些方面的介入的征兆，即使当士人进行非官方行动的空间扩张时亦是如此。然而，这并不意味着北宋晚期的关中精英们视此为罔顾政府甚至庆贺其"撤退"的契机。事实上，游师韩请求县令来撰写碑记———一项很明显可以由他自己完成的任务——以及那位"陋儒"请求程颐代他上书丞相的两个事例，都表明政府及其地方代理仍然在关中精英的社会生活中扮演关键性的角色。如果我们考察李复（1051 年生，1079 年进士）对国家所扮演的角色的看法，这一观点会得到最好的证明。

李复：国家的角色

李复的家族在他 18 岁时由开封迁至长安。据他自述，他 16 岁就通过太学考试，但是在 10 多年以后才通过礼部会试。在这期间，他宣称自己致力于与追求官位无关的道德修养。[70] 因此他早年很长一段时间是在长安度过的。确实，李复写了不少当地人物的文章。[71] 他也

---

[69] Paul Smith（Taxing Heaven's Storehouse, pp.308-311.）例如，通过他对宋代四川茶业的研究展现了新法下的多种干预性的反垄断措施被"获取税收的迫切需要所颠覆，而这一需求也使得国家成为经济中最强有力的私人力量的盟友。"

[70] 李复《答彭元发书》，见《潏水集》，4.4b-5b。

[71] 李复文集中的大部分墓志铭都是为当地精英或官员写的。见《潏水集》，8.3b-18a。

通过婚姻来建立在地联系。在原配去世以后，他又娶了长安人范远（1063—1117）。她是范祥（卒于 1061 年）的孙女，而范祥以在西北边境的解盐贸易中推行现钱入中政策而闻名。[72]范远之母周氏据说也是出自关中的"望族"。李复由于频繁拜访范远的一位叔叔——大概是弃官后在长安以教书为生的范育 [73]——而与范家相熟。我们之前介绍过范育是秦凤路的经略使，一位很能干的官员，更重要的是，他是张载的弟子。

李复在关中的活动表明，在他的时代，关中士人已经建构了一个能让他们搭建地方关系网的"非官方"空间。作为这个关系网中活跃且杰出的一份子，李复对执政应当积极主动的论调持怀疑态度。在他看来，政府如果要推行激进政策，必然会遇到严峻的阻碍。当有人问他，这个时代是否可能实现三代之政，李复的回答是否定的。他认为，上古时期，政府通过行之有效的经济、军事和教育政策来治理天下。最根本的是在经济领域，通过著名的井田制以确保人民实现温饱。但在他所处的时代，因为土地已经私有，所以上古时期养民之基础的井田制无法实现。政府不可能再将土地充公后重新分配。因此民众必须"自养"。李复认为这一现状不可能改变。很明显，他所推崇的是一个"温和"的政府，即在运用统治权力时极其谨慎，并腾出空间让社会能够自行运转。[74]在一篇未系年的上书中，李复敦促皇帝以道治国，即设定恰当的标准和规则。这样，帝王可以确保官员言行合宜，人民安居乐业，不受侵扰，甚至不知道幸福生活从何而来。[75]在一篇题为《王畿》的论说文中，李复宣称上古时代直接由天子管辖的土地不超过一千平方里。先王并没有直接统治全天下的欲望——因为这将耗尽他们的资源——然而天下之民都期待他们的统领。在后世，任何试图将整个天下纳入自己版图的统治者都终将失败。[76]

45

---

[72] 戴裔煊《宋代钞盐制度研究》，pp.270-286。

[73] 李复《恭人范氏墓志铭》和《周夫人墓志铭》，见《潏水集》，8.14b-18a。

[74] 李复《答人问政书》，见《潏水集》，5.14a-15a。

[75] 李复《论治道》，见《潏水集》，1.1a-2b。

[76] 李复《王畿》，见《潏水集》，8.20b-21a。

李复对权力过于集中的担忧很可能来自他对朝廷处理边境防御事务的不满。在他给宰相章惇（1035—1105）的信中，李复批判了朝廷试图采取的自上而下的防御措施。他认为边郡情况瞬息万变，而要求守边将领必须等到朝廷下达的命令后才能作出应对无疑会导致灾难性的后果。一个更好的办法是朝廷给予边将充分的自由，仅命令他们完成特定使命即可。李复坚信朝廷的权威不会受损，因为朝廷的真实意图对于官员来说仍然是难以捉摸的，因此官员们不敢从自己的利益出发行事。[77]

章惇是新法的积极支持者，而李复显然非常清楚章惇推动中央集权的意图。不过，李复虽然非常反对教条的中央集权制度，但他并不赞成朝廷的无为或者完全不介入地方社会。例如，他认为关中方志一类的地理书不该由像他这样并非朝廷高官的个人（"私居位下者"）来编纂。他认为这一类文书如果能使用政府掌握的资源，就能够编写得更加完善可靠。[78] 因此在李复看来，任何属于"地方"的都是"官方"系统的一部分，并且他一直在敦促政府采取更加积极主动的方式来界定何为"地方"。

包弼德在一篇探讨南宋及元代浙江婺州的地方历史书写（包括地方志、文化地理志、传记以及文学记录）的论文中指出，这类著作在这一时期呈现出新的面貌。首先，这三类书写都诞生于有着坚实地方基础的思想文化。第二，他们的重心都从对国家的关注转移到了地方利益。包弼德认为，这意味着自南宋初年，士人们开始在思想观念中区分国家和地方。对这些文化精英来说，地方不再是国家的附属。恰恰相反，国家开始被视作各个地方的总和。因此，宋代士人们开始把国家重新构想为一个较少帝国气息、较不派生于宫廷文化，并且不那么中央集权的政治实体。[79] 相较而言，虽然李复在很多方面的行为都和南宋地方士人接近，他却非常重视国家所扮演的角色，因为他仍然认可政府在地方事务中发挥的重要作用。

---

[77] 李复《上张丞相言边事书》，见《潏水集》，3.1a-2a。

[78] 李复《答李忱承议书》，见《潏水集》，3.9b-11a。

[79] 见 Bol, "The Rise of Local History."

李复通常被认为是张载的弟子, [80] 虽然李复要年轻许多, 但他很可能仅仅是张载的朋友。[81] 无论如何, 李复对上古政策之现实可行性的怀疑与张载广为人知的对《周礼》中展现的上古系统的追寻大相径庭。然而, 正如我们将要看到的, 李复对一个"温和"而积极有为的政府的构想和张载对好政府的观点是契合的。显然, 在11世纪晚期——这个政府和士人间沟壑渐深的时代——对于急切寻找一个无所不包并能确保士人有发挥社会影响力空间的国家体系的关中士人来说, 张载的政治理念最具说服力。

然而, 张载并没有以孤立和特殊的方式来看待政府。他和他的学生一起设计了一个囊括宇宙观、伦理学以及政治学的连贯体系, 为11世纪思想界提供了独特的视角。

张载学派的独特视野

重构张载学派的历史在某种程度上来说很困难, 因为这一派成员的作品绝大部分都没有流传下来。然而在北宋后半期, 张载学派不仅是关中最活跃的团体, 而且他们所提出的思想主张极具吸引力, 影响延伸至关中以外。张载及其弟子为11世纪以及12世纪早期的思想世界提供了一种崭新的把握宇宙运行、政治以及学术关系的认知模式。

具体说来, 他们把重建上古体系视作变革当下世界的必经之途。这一观点在11世纪是比较独特的, 因为当时的思想界普遍质疑复古的可行性。此前对张载学派的研究或者只关注哲学而忽略其"实际"的层面, 或者是把他们在体制方面的追求和其哲学思想割裂开来。[82] 在我看来, 这两方面是张载学术中不可分割的组成部分。我将通过考察他们如何处理圣人之道与圣人之迹的关系来证明我的观点。但在那

---

[80]《宋元学案》31.64。

[81] 李复曾经给张载写过一封讨论礼制问题的书信, 其中的语气像是朋友间的讨论。参见李复《与张横渠》, 收入《潏水集》, 3. 8a–b。

[82] 也有例外之作, 参见 Chow, "Ritual, Cosmology, and Ontology."

之前，我们先要看看张载的政治活动，尤其是他与王安石的冲突。

道与"迹"

张载生于北宋都城开封。然而，据说当他父亲死于四川涪州知州任上时，他们家已穷困潦倒，无法返回开封。他们只得在关中西部凤翔府郿县的横渠镇安顿下来。在 1057 年通过会试之前，张载尤其关心军事事务——这是一种典型的关中风格。他同时也结交关中的有识之士和任职于此的著名官员，比如范仲淹（989—1052）和文彦博（1006—1097）。通过会试后，他曾担任几个地方官职，之后在 1069 年被正在寻找新法实施支持者的神宗和王安石招入朝廷。然而，张载几乎立即就否决了王安石的理念，并因此被派到浙江去处理一个法律案件。完成任务后他回到了开封，但称疾致仕而归于故里。在之后的几年里，张载一直没有担任任何官职，而是致力于教书及实验自己的构想。他逐渐形成了要在关中建立以《周礼》勾勒出的古制为基础的地方社群的理念。但他的尝试尚未完成，就被再次召回朝廷；在那里张载试图推行他复兴古礼的理想。不出所料，没有人采纳他的建议。于是他决定再次归乡，与他志同道合的学生一起推行这一构想，然而计划尚未能展开，张载就去世了。[83]

张载与王安石的交恶过程值得深入探讨。据说二人初次相见时，王安石邀请张载助他推行新法，张载回答："朝廷将大有为，天下之士愿兴下风。若兴人为善，则孰敢不尽！如教玉人追琢，则人亦故有不能。"[84]"玉人"用了《孟子》中的典故，孟子劝说齐宣王，不要教玉人如何琢玉。同样，他不该教导一位博学之人——当然是一位士——如何治理国家。[85]张载引用此篇，指涉的是王安石的中央集权式——即使不是教条式——的学术和治国路径。我认为葛艾儒（Ira Kasoff）

---

[83] 吕大临《横渠先生行状》，收于《蓝田吕氏遗著辑校》，第 586-590 页。吕氏兄弟现存的著作收于《蓝田吕氏遗著辑校》集。

[84] 同上，第 587-588 页。

[85]《孟子》，2B9。

的解读是恰当的:张载是在提醒王安石不要过多干涉地方事务。[86] 也就是说,张载对王安石新法的不满,主要是他坚信不该以中央集权和教条式的方法治理国家。王安石所采用的方法,是把制定议程和计划的主动权完全交给朝廷,然后要求天下士人无条件服从。但张载认为,正如玉人擅长琢玉,士人才是执政的专家,因此应该让他们来管理地方社会,无须朝廷直接干预。由此可见,张载通过自己的努力构建一个理想地方社会的尝试,实际上是为士人提供了新法之外的另一种可能性。

11 世纪很多杰出人物都是王安石新法的批判者。真正使张载及其弟子与众不同的,当属他们是唯一一个从制度入手探讨其他可能性的群体。例如,程氏兄弟并没有试图提出自己的制度规划来反对王安石改革。有记载的他们对井田制的最深入讨论是出自和 1077 年与张载的一次对话,其间他们总体上同意张载的观点,仅仅在如何施行方面提出一些小异议。[87] 还有一次,程颐向一个学生强调,井田制在上古实行过,当然也能在当下推行。那个学生显然对人多地少可能带来的问题有所顾虑,但程颐驳斥了这一假设。他说天总是按适宜的比例孕育万物,因此关于土地稀少的假设是没有根据的。[88] 据我的理解,程颐并非要论证应当推行井田制,而仅仅是在说井田制也适用于当下,因为保持万物和谐的天会确保世上的土地足够支持栖息其上的人口。这是一个关于人与自然间和谐关系的论证,并非对重建上古体系的坚持。

程颐的观点在他讨论封建制的篇章中更加明晰。他认为,自臭名　50
昭著的秦代以来就实行的郡县制更适合上古以后的世界。[89] 很显然,对于程颐来说,上古善政的真正精华并不在于体制。他宣称井田制、封建制以及肉刑 [90] 是圣人之"迹"而非圣人之道。这些迹乃是圣人顺势而行的。程颐认为,学习圣人之道,并非简单追寻这些迹,而是要明

---

[86] Kasoff, *The Thought of Chang Tsai*, 183 页。

[87] 程颢、程颐《二程集》,第 110-111 页。

[88] 同上,第 291 页。

[89] 同上。

[90] 程颐并未就肉刑展开。然而,张载(《张载集》,第 248 页)却赞同肉刑作为死刑的替代。

白蕴含其中的真意。不复制古代的体制也同样可以如圣人一样治世。[91]

从中我们看到的，正是程颐哲学中使得当代学者称他为二元论者的二分法。[92]价值所在的"道"是恒定的，而"迹"是随情况而变的。因此，迹没有独立的价值，它们的价值，依赖于真正懂得道的人去赋予。我认为这一观点正是程颐对重建社会体制鲜有兴趣的主要原因。他更愿意集中在对个人修养的追求——能够指向对永恒之道的把握、而非转瞬即逝的迹的理解的个人修养。

王安石对于道与迹的关系也提出了类似的假设，但原因却大不相同。他认为道是恒定的，但是迹可以，也应当根据情况而变化。事实上，时势不同而施行不同之迹恰恰是"宗于道"之法。如果只想模仿、重复圣人之迹而不考虑自古以来的变化，纵使迹会与圣人同，但道却不同，这样的人只会成为"小人"。[93]然而，王安石的意思并不是像程颐所说的迹，即体制，在求道的过程中相对于个人道德修养来得次要。而是说，为了完整地实现道，我们需要寻找正确的迹。事实上，王安石变法可以看作是将他认定的、可用于处理当下问题的正确之迹体制化的一种尝试。

然而，张载并没有对道与迹做出如此的区分。他引用了与皇帝——很可能是神宗——的一次对话，其间皇帝说以尧舜为榜样并不意味着一定要以他们所行之迹为榜样。张载则认为，尧舜之迹之如是，是因为他们有此心（"有是心则有是迹"）；因此我们不能忽略迹的重要性。[94]在另一篇文章中，他称在汉代有儒者曾经精通仁与义，但他们的心与迹却分离了。[95]张载并未充分展开讨论，但显然他是在说汉代之所以无道，是因为当时的迹非三代之迹。这反映了张载的信念：要想实现三代之治，上古的体系——作为能够真正体现道的唯一的迹——必须在宋代实施。

---

[91] 程颢，程颐《二程集》，第 326 页。

[92] 见 A.C. Graham, *Two Chinese Philosophers*, 第 xix-xx 页和第 119-126 页。

[93] 王安石《禄隐》，见氏著《王临川全集》，69.435。

[94]《张载集》，第 290 页。

[95] 同上，第 280 页。

张载对迹的重视与程颐和王安石的观点大相径庭。但他为什么坚信圣人之迹是真实且优越的？一个直接的回答是：迹乃是圣人之道的真实显现，而这个道正是天地之道。但要秉持这一观点，张载就需要解释为什么天地之道必然良善的。同时，他还需要建立起天地之道与圣人之道间的联系。这正是张载在他的宇宙论和关于个人修养的理论中所阐释的。

宇宙观与学术

目前学界对张载哲学的研究已经很深入，这里只需针对他的主要观点进行总结就足够了。首先，张载相信宇宙由气组成，而虚空即是气。张载更多是用"太虚"一词来表示虚空。有人会说虚空产生气，张载认为这是不对的，因为这一论证使我们必须区分太虚和气，这就意味着要区分体用、性和形。而在现实中，太虚和气并非二物。[96]

张载在此坚持的是本体价值与实体形式合一。由于天下万物——也包括作为万物价值根源的虚空——都由相同的气构成，因此它们天然赋有，并共享作为虚空特征的内在之善。因而，天下万物在出于同源、拥有相同物质构成这一意义上是统一的。

当然张载也没忽略事物之间的差异。这些差异是由气质的不同导致的——当气凝聚并稳固成形时气质会有所分别。因为如同所有物体一样，人也经由此过程获得形体，他们自然会彼此相异。因此每一个人在地位、财富、寿命、性格、为善的能力等方面都不一样。但是产生实体事物的物质性的气并不恒定。它可以改变，而人类是唯一可以自我变更气质的存在（因为与其他生物相比，人类具有更好的气质）。变更的目标是超越肉体的差异，并体悟到虽然每个人都不同，但都以微妙的方式相连。也就是说，当张载论证天下万物都生于一气之时，他并没有推断说万物等同、众人平等。相反，正如我们后面将看到的，他坚信人类社会中的等级区别是实在而自然的，因为这与宇宙秩

52

[96] 同上，第8页。

序相谐。建立起万物间相互关联的宇宙秩序也同时预先决定了所有人都天然地能够与他人感通，并分享彼此的欢乐与痛苦。

他用了一个类比，人类社会如果能完全与天地之道合一，就应当像一个家那样运行，其中差异和等级固然存在，但成员们彼此之间自然地联结着。这就是张载在《正蒙》第十七篇开头的著名篇目《西铭》中所说"民吾同胞，物吾与也"的基础。[97]正如我后面会论证的，张载及其弟子反复使用这一"家庭比喻"来谈论他们想要建立的社会体制。

但如果万物真的彼此联结，为什么人们没能意识到呢？张载相信，这是由于人受形体的限制而仅仅能辨析他们感官所及的有限范围内的东西（"闻见之狭"）。只有通过自我修养，人才能超越这个极其纷繁多样的现象世界，达到与天地同一，并领悟宇宙秩序的统一有序。这是无法由知觉而必须以德性获得的真知（"德性所知"）。一个人一旦获此真知，他就能以"大心"去"体"天下万物。"大心"与"成心"相反，后者指被自我放纵的观点与自私的意愿占据，并因此有所偏倚的心。学的所有目的就是去除成心，这就要求人们一直坚守"中道"（时中）。[98]

然而，我们也必须指出张载并没有低估感官与物质实体的价值。他坚持物质实体与感官经验对于追求道德知识是必需的，虽然我们不该为其所缚。[99]为了更好地理解张载的立场，我们可以和程颐做个比较。对程颐来说，事物的物质形态几乎没有什么价值；蕴含其中的理才是真正重要的。这一观点可以通过对比程颐、张载二人为《周易》中的一篇分别所作的注看出：

> 寂然不动，万物森然已具在。感而遂通，感则只是自内感，不是外面将一件物来感于此也。[100]

---

[97] 同上，第62页；《正蒙》由张载的弟子在他去世后分为十七篇。

[98] 同上，第20–21页，第24–25页。

[99] 同上，第313页。

[100] 见程颢，程颐《二程集》，第154页。

感亦须待有物，有物则有感，无物则何所感？ [101]

"感"在程颐的注中无法解释为"应"，因为他理解的心的内在认知力是独立于外物的。就这一点而论，虽然程颐把格物视作修身的第一步，"物"在他看来却是被动的。然而在张载看来，外物的存在对唤起人的意识至关重要。因此，与程颐不同，张载看到了以物质形式存在的物的真正价值。这符合他对本体价值和物质形式统一性的坚持以及他关于道迹不分的主张。也就是说，张载认为必须严肃对待物质或"迹"，因为他们是本体价值的呈现，如古礼这样的体制是呈现道的物质性的"迹"。这就是为什么张载把礼的形成、实施和学习看作个人修养的核心组成。相应的，张载认为礼是"善"的，因为它是基于天道的自然形式（"礼本天之自然"），并且是天地之德的体现。[102]

但这个"自然"的性质如何？周启荣在一篇讨论张载的礼及其宇宙论思想的关联的文章中，论证了张载在其著作中非常强调士阶层和普通民众的社会区分，并且张载认为这一阶层差别的存在正是自然秩序之基本原则的体现。对张载来说，一个理想的社会是由世世代代为朝廷提供士大夫的少数家族主导的。因此，彼时佛教的广泛影响被视作对士人领导地位的威胁，在这一背景下，张载"复兴"古礼的努力也是试图构建一个认可这些家族的精英地位和特权的儒家社会的尝试。也就是说，在周启荣看来，张载关于礼的著作显示出很强的阶级利益。[103]

虽然张载的确视佛教为重大威胁，并且真切关注士阶层在社会中领导作用的削弱以及其家族在几代以后很可能面临的衰落，但在我看来，他的最终目的不仅仅是构建一个认可阶层区隔的社会，而是一个所有人——无论君王、士人和平民——都能发挥积极作用的社会。为了说明这一点，我们需要考察张载关于宗法、封建和井田制的提议。他认为这三种制度是圣人在上古曾建立的精妙的礼法系统中不可或缺

[101]《张载集》，第 313 页。

[102] 同上，第 264 页。

[103] Chow "Ritual, Cosmology and Ontology"

的组成部分。

宗法，封建和井田制度

张载提议复兴宗法制度与他对当时士人家族之衰落的关注是密不可分的。包弼德论证了在宋代很多人开始将科举考试看作世代维持士身份的机制。[104] 张载必定看到了这一趋势，并且作出反对的回应：

> 世禄之荣，王者所以录有功，尊有德。爱之厚之，示恩遇之不穷也。为人后者，所宜乐职劝功，以服勤事任。长廉远利，以似述世风。而近代公卿子孙，方且下比布衣，工声病，售有司。不知求仕非义，而反羞循理为无能。不知荫袭为荣，而反以虚名为善继。诚何心哉？[105]

张载在这一段中构建了两组二元关系。首先，追求官位与遵循道德原则相对；其次，可继承的荫补特权与科举相对。在张载看来，真正定义士人的并非是通过科举进入官僚系统的能力——普通人也能做到；而是对于真正的学术（即：宗道）的投入，才让一个人成为士。官职和荫补仅仅是朝廷认同真正士人所作贡献的手段。朝廷也有责任确保士人家族的长期延续。在张载的时代，朝廷规定曾任两府的官员的子弟不许分宅舍，但张载认为政府还可以扮演更加积极的角色。唐代曾为高官的儿子授官位。张载承认这一意图是好的，但这个特权会随着其子的死亡终结。他建议一个更好的办法：将这些高官墓地附近的五至七顷土地分给他们的后人，使他们可以数代不间断地享有朝廷赐予的财产。[106]

但这样的方式仍不足以维系这些家族的绵延。张载提议朝廷应在朝臣家族中设立"宗法制"以介入其中，确保朝臣家族的延续：

---

[104] Bol, "The Sung Examination System and the Shih."
[105] 朱熹和吕祖谦《近思录》，第199–200页。
[106] 同上。

> 宗子之法不立，则朝廷无世臣。且如公卿一日崛起于贫贱之
> 中以至公相，宗法不立，既死遂族散，其家不传。宗法若立，则
> 人人各知来处，朝廷大有所益。或问: "朝廷何所益?" 公卿各保
> 其家，忠义岂有不立? 忠义既立，朝廷之本岂有不固? 今骤得富 57
> 贵者，止能为三四十年之计，造宅一区及其所有，既死则众子
> 分裂，未几荡尽，则家遂不存，如此则家且不能保，又安能保
> 国家! [107]

因此，张载相信确保这些家族的存续对朝廷的稳固至关重要，因
为朝廷需要这些世袭官员的效劳以维持长期稳定。也就是说，张载认
为君主的利益与显赫的士人家族之利益唇齿相依。在理想情况下，朝
廷应该由来自一小部分世袭家庭的官员任职。当然，这些人可以享有
很多普通人无法拥有的特权，但他们对社会也有不可推卸的责任。作
为中央政府机构的成员，他们应该确保国家是以"仁"道来治理的。
并且张载和孟子一样相信"仁政"应该始于井田制:

> 井田亦无他术，但先以天下之地棊布画定，使人受一方，则
> 自是均。前日大有田产之家，虽以田授民，然不得如分种、如租
> 种矣，所得虽差少，然使之为田官以掌其民。使人既喻此意，人
> 亦自从，虽少不愿，然悦者众而不悦者寡矣，又安能每每恤人情
> 如此! 其始虽分公田与之，及一二十年，犹须别立法。始则因命
> 为田官，自后则是择贤。[108]

张载所处的时代土地不仅只为国家所有，也可以是私有财产。因 58

---

[107]《张载集》，第 259 页。此处我使用了伊佩霞对此段的部分翻译，但是我把家译作
family 而不是 house，并在她跳过的部分加入了我自己的翻译。参见 Ebrey "The Early Stages
in the Development of Descent Group Organization", in idem and Watson, *Kinship Organization
in Late Imperial China*, 37-38.

[108]《张载集》，第 250-251。

此，劝说土地持有阶层接受他的提案是他面临的最主要挑战。针对那些拥有千顷以上土地的大臣，他提议朝廷给他们五十里封地，这应当足以弥补他们的损失。[109] 对其他的地主，张载相信以官衔作补偿可以解决问题。只要朝廷下诏，井田制应该能不靠武力而得以施行。[110]

张载为何如此自信？他怎能确定地主会愿意以土地换取官衔？他并未详细展开，但看起来他的预设是大部分无官职的地主会非常乐意被纳入国家系统。换句话说，张载在国家和个人利益之间并没有看到截然的差别。事实上，正如我们将要看到的，在张载的观念中国家和社会相互关联且相互依存。

除了采取提供官衔等实际手段来激励土地持有阶层，张载也尝试说服人们：井田制及其他发源于上古的社会项目是好的，因为它们与天地之运行相符合。张载赞赏井田制——他认为的"均平"理想的体现——正是因为井田制能够帮助人们在人间实现天地万物为一体的理想。他坚信如果井田制得以实行，人们将会对待彼此如血肉，并且身居高位之人将会如对待自己子女那样保护人民。[111] 所有人无论高低贵贱都待他人如家人的理想图景在《西铭》中得到体现。为了实现井田制，每个人——无论君、臣或是被委任实施井田制的作为农业官员的地方领袖——必须经过个人修养并领会天地之行。如果这一理想可以实现，那么井田制无须强力就可得到实施。

同时，政治体制必须为推行井田制奠定基础。在这方面，张载提出了实施上古"封建制"的一个修正版：

> 所以必要封建者，天下之事，分得简则治之精，不简则不精，故圣人必以天下分之于人，则事无不治者。圣人立法，必计后世子

---

[109] 张载在1077年与程氏兄弟有过关于此问题的讨论，并且很明显他们讨论的对象是拥有过多土地的官员家庭。参见程颢和程颐《二程集》，第111页。
[110]《张载集》，第249页。周启荣（"Ritual, *Cosmology and Ontology*"第221页）相信张载支持井田制，事实上是在促使皇帝将土地作为永久子产 permanent holdings 分给官员成为。但很明显张载更为关心的是如何劝说朝廷将事先由官员掌握的土地重新分给普通人。
[111]《张载集》，第282页。

孙，使周公当轴，虽揽天下之政，治之必精，后世安得如此！ [112]

张载关注的主要是井田制的有效性。他认为，由于统治者不可能事必躬亲，因此必须将帝国分区并任命有能力的官员帮他治理。那么如何对待分裂主义的威胁？返回封建制难道不会刺激——像周朝末期曾出现过的——威胁中央政府的地方力量的兴起？（但）张载甚至都不认为这会成为问题。他完全相信，一旦出现一个不服从中央的封国，帝国还是能够联合其他拥护中央的封国平定叛乱。因此，他主张将力量集中于中央是多余的。[113] 正是基于这一精神，张载提出了下面的办法：

> 封建必有大功德者然后可以封建，当封建前，天下井邑当如何为治？必立田大夫治之。今既未可议封建，只使守令终身，亦可为也。[114]
60

后来在 17 世纪，顾炎武建议将知县一职改为世袭。[115] 张载会不会走到这一步我们并不清楚，但他关于知县终身制的提议乍一看上去似乎是想要削弱朝廷的力量。然而更深入的研究表明他事实上是想在自己的蓝图中为朝廷找到一个更具建设性的角色。

封建制还是郡县制的论争通常会涉及这一核心问题：何种制度为公（公共，由多数管理，公平），何为私（私人的，由少数管理，不公平）。在晚清，封建制可以带来"公"的精神这一信念使得那些支持地方自治的人得以在封建理论的内部搭建他们的学说框架。[116] 虽然当张载指出统领一切的中央集权政府具有的内在根本问题时，他已近乎拥护地方自治的理念，但我们没有找到任何证据表明他在关于封建

---

[112] 同上，第 251 页。
[113] 同上。
[114] 同上。
[115] 顾炎武《郡县论尔》，氏著《亭林文集》，SBCKCB，1.76-77。
[116] Min Tu-ki, *National Polity and Local Power*, pp.89-136.

制的提议中想要以无关性为名而罔顾政府（court）。这一点将张载与晚清的思想家们区别开来。对后者来说，封建制将为地方精英在省级咨议局中获得更大的参与权，并由此在挑战帝国系统过程中实现"多数统治"的理想。然而，对张载来说，强调地方自治是对中央政府试图将整个帝国置于单独掌控下时所面临的严重局限性的确认。因此，封建制度是减轻中央政府重担的一个方法。

张载也表明井田制和封建制是国家积累财富的更理想的办法。在上古，土地依据井田制划分、人们缴纳总产量的十分之一作为税收，封建领主的税收超过了他们管理被赐土地的开支。多余的赋税则上纳天子以供其使用。上纳的金额仍然远超天子的消耗，因为天子既无须维持军队，也无须为行政管理花费——这些责任已经由封建领主承担——他将会非常富裕。后世掌管国家之人不再相信井田制和封建制的可行性。他们利用皇帝的权力，想尽一切办法从人民那里夺取财富，最终却入不敷出。[117]

张载对上古体系的描述听起来非常理想化，但这却很显然是对王安石新政的攻击，后者的目的正是以自上而下的方式强制敛财。张载事实上在论证，为了当地人民和政府的利益，应当允许财富留在地方。国家只有在人民和地方富裕之后才可能富裕。在此我们很清晰地看到，张载认为国家与社会是唇亡齿寒的关系：让社会富裕是达到国家富裕的唯一途径。此外，张载对上古天子既无须维持军队又无须直接涉入地方行政管理的预设，事实上是在论证地方权力机关在治理地方时应当不受中央机构的直接干涉。相应地，张载也提出规整市场不应该是朝廷的责任（"王政"），而应该是驻于该市场的市官的责任。[118]

这个模式下中央政府的角色又如何呢？根据上面的讨论我们或许会假设张载淡化了中央政府的重要性。但在我看来，张载会认为在地方官员或社会精英获得统领一方的任务之前，他们在当地社会的领导角色必须得到中央政府的认可。因此，当张载说"人主能行井田者，

---

[117]《张载集》，第 250 页。
[118] 同上，第 249 页。

须有仁心，又更强明果敢及宰相之有才者"[119] 的时候，他并不是在重复统治阶级行"仁"政有多么重要的老调。他实际上认为如果没有中央政府的意愿和决心，井田制再怎么优越也只会是一纸空谈。在这个意义上，张载想要以"非官方"的努力构建一个模范社群的目标，并不是要宣布朝廷（君王和群臣）的无关紧要，而是试图在朝廷被新政污染后为社会重建秩序，阻止朝廷无视人与人之间与生俱来的联系而其将意愿粗暴严苛地强加于世。 62

在张载所构想的所有人相互联结如同一家、每个人都有其角色和责任的世界中，君主和众臣的重要性也在《西铭》中有所表达："乾称父，坤称母；予兹藐焉，乃混然中处。……大君者，吾父母宗子；其大臣，宗子之家相也。"[120] 通过援引"宗子"的概念，张载在政治系统和前述的宗法系统之间做了类比。

在另外一处，张载在论证朝廷应当介入朝臣家中宗法的设立、以确保其延续的时候，讨论了宗子对一个家族存亡的重要性。宗子，即嫡长子的选择是关键。但作为宗子还必须言行举止皆佳善；否则族人可以另选贤能。一旦宗子被选出，他将成为一宗的代表，并且单独承担为这一宗行祭祀的责任。为了保持"宗"的完好，其他子孙不允许分别祭祀祖先。同时，宗子将被赋予许多特权，包括拥有共同财产中的最大份额，以及经朝廷允许后可以从其他成员那里将"荫"及其他官方特权转给自己。[121] 通过表明皇帝对其臣下就像一家之长（宗子），而群臣就像他的臣仆，张载断定人类社会存在一种由天地预先设定的自然秩序，在其中皇帝享有天赋的大部分特权。但与此同时，张载 63 也认为统治者与被统治的关系应是如亲人一般的，正如皇帝和群臣就像民众的亲人。显然，依据张载的观念所构建的国家系统将是柔性的，因为它要求统治者对其臣下彰显关爱和同情，并且认可帝国是由社会所有成员共享的财产。

张载对于朝廷—社会关系的独特观念为他的学生吕氏兄弟所继承

---

[119] 同上，第 251 页。
[120] 《张载集》，第 62 页，参考陈荣捷，*A Source Book in Chinese Philosophy*，第 497 页。
[121] 《张载集》，第 260 页。

并投入实践，他们在推行著名的《乡约》《乡仪》方面发挥了至关重要的作用。

吕氏兄弟和《乡约》《乡仪》

吕氏兄弟生于河南汲郡。在曾任太常博士的吕通（生卒年不详）被葬在关中东南部的蓝田时，他们迁居那里。之后，他们便以蓝田吕氏为人所知。吕通之子吕蕡（生卒年不详）曾任比部郎中，有六子，五位过了进士考试而其中四位在宋代正史中有传。仕途最成功的是吕大防（1027—1097），他1086年被任命为相当于宰相级别的尚书右丞。其兄吕大中（生卒年不详）以及两个弟弟吕大钧（1031—1082）和吕大临（1040—1092）都是闻名全国的杰出学者。[122]

由于信息的缺乏，我们无法完整地重构吕家的婚姻模式，根据南宋的一则材料，吕氏兄弟的母亲是来自蓝田的一位盲妇。[123] 除此以64 外，我们只知道吕大临娶了张载之弟张戬（1030—1076）的女儿。[124] 虽然张戬曾身居高位，这一婚姻关系的缔结恐怕更多是为了促进师徒关系，而非为了在朝廷树立政治同盟。吕大钧娶了一位种姓女子。[125] 关于她没有更多的记载，但她很有可能出自我们前面谈到的种家，因为正如我们所见，这个家庭的一些成员也是张载的弟子。

从这些有限的事例判断，与北宋初期的政治家不同，吕家显然更愿意通过婚姻加强自身在地方上的地位，并且也与包弼德所讨论的同代很多显赫的学者不同。这些学者"对士的认识仍然大体上等同于出仕之人，等同于通过政府机关为国家提供潜在服务、而以此合理拥有

---

[122]《宋史》，340.10839-10849。

[123] 吕蕡据说在他通过进士考试以前就与她订了婚约。后来她失明了，她家想要退婚。当时已中进士的吕蕡坚持既然在不幸发生以前，婚约已立下，女方家并非有意欺骗，他就应该遵守约定娶其女儿。参见李元纲《厚德录》，4.12b-13a。

[124] 朱熹《伊洛渊源录》，第233页。同时见吕大临《张天启先生行状》，收入《凤翔府志》，6：1605-1612。

[125] 范育《吕和叔墓表》，收入吕祖谦《宋文鉴》，145.1920。

社会特权的政治精英"。[126] 相反的，吕氏兄弟坚持认为真正的学术不仅仅是为了培养官僚。事实上，长兄吕大忠曾告诫一名以进士举首入幕府的学子，人们应该着力于个人修养，因为科举之习对于修身为己之学是无用的。[127] 根据一位外人的观察，虽然吕大防任宰相，但显然作为长子的吕大忠在家中才享有最高权威。当一位叫张瞻的人希望到京城拜访吕大防，并请求吕大忠写一封引荐的信的时候，吕大忠建议他去拜访吕大临（当时他与吕大防一起住在京城），因为用吕大忠的话来说，吕大临才是那个"一意学问"的人。[128] 这一论述背后未明言的意指是：出仕并非学术的最终目标。

　　那么，学术的终极目的是什么？吕氏兄弟坚信，这个目的就在于 65 实现张载在《西铭》中描述的理想。采用相似的"家族"比喻，吕大钧写了一篇《天下为一家赋》。在其中他回望三代，当时人们视彼此为家人。"我们"和"他们"、公与私之间没有区别。上位者管理财富以养育下位者；下位者则在各项任务上帮助上位者。但自周德衰微，人们对待彼此便如仇敌，也包括自己的家人。与这一衰退相伴的还有井田制和封建制的废弃，而完美之治从未得到重建。现在，虽有诸侯，但他们不能干涉朝政；虽有各地守令，但他们不能在同一职位长久停留。结果政府充斥着无能之人，而天下因之蒙难。吕大钧质问："岂天理之固然？"这样的现状，是"人谋"之过，人必须承担责任。他断言这些问题的救治之方也许能在上古制度中找到。[129] 在这里，我们又一次看到张载在《西铭》中阐发的天下万物为一的理念被融入关于井田制、封建制的讨论中。这一观点认为，有秩序的人类社会不过是掌控宇宙运行的同样原理的体现。

　　与优先考虑国家防御的很多关中士人一样，吕大钧也把封建的思想运用到任命边郡官员的讨论中。他敦促朝廷遵循古制：允许守卫边

---

[126] 包弼德 "Government, Society and State: On the Political Visions of Ssuma Kuang and Wang An-shih," 收入韩明士 and Schirokauer, *Ordering the World*, 第 190 页。

[127]《宋史》，340.10846。

[128] 吕本中《东莱吕紫微师友杂志》，22a-24a。

[129]《蓝田吕氏遗著辑校》，第 593-594 页。

境郡县的地方官员终身任职。朝廷应当避免介入边郡的日常管理。只有当其遭遇供给短缺时，朝廷才应该发动邻近郡县进行辅助。但也不应不考虑现状地追随上古体制。职位不可世袭，而当地官员应向朝廷推荐有才之人，无论亲疏。举荐必须由皇帝考察，并且一旦批准，候选人将会获得一个副职。在推举人退休之后可以接任。这个半封建的提案既承认了中央管理边郡的困难，但同时试图将最终的权力放到朝廷手中。[130]

　　无需赘言，这个系统将使地方精英更容易地参与进来。从地方官的立场来看，他的利益将更多地与该地区挂钩。由于他将终生在此地任职，他退休后更有可能留在当地；因此，他维护当地精英的利益就合情合理。而对当地精英来说，如果他们与官员交好，就能够长期维持自己的主导地位，而无须每隔数年就与不同官员重新建立联系。简言之，张载这一体系将会鼓励地方官员和精英间的相互依存。

　　但处在一个因王安石的"错误"政策导致国家体系解体、地方官员无法恰当完成任务的时代，如吕大钧这样的地方领袖就必须在没有政府辅助的前提下独自承担起组织地方社会的责任。正是这一信念使得吕大钧策划并实施了著名的《乡约》和《乡仪》。

　　余蓓荷（Monika Übelhör）关于《乡约》作了出色的研究，因此我们只需要做简单的解释。[131]《乡约》是一份为了将村民牵系成一个自助共同体以鼓励善行而修订的契约。它也在有需要的时候推动村民间的互助。另一方面，《乡仪》则描述了在不同场合的多种仪式和礼节——婚嫁、葬礼、祭祀等等——以及各式日常应对中的礼貌，诸如接送客人或尊敬长者。这两个项目非常重要的一点是：参加是自愿的，并且参与者可以随时退出。

　　现存的资料表明《乡约》和《乡仪》并非仅存于纸面。它们确实

---

[130] 吕大钧《世守边郡议》，同上，第 594-595 页。

[131] 参见 Monika Übelhör, "The Community Compact（Hsiang-yüeh）of the Sung and Its Educational Significance,"in de Bary and John Chaffee, *Neo-Confucian Education*, 第 371-388 页。

施行过,显然吕大钧是其总工程师。[132]1077 年,张载最后一次去洛阳拜访程氏兄弟,他们就将古礼作为一种教化途径开展了有趣的对话:

> 子厚言:"关中学者用礼渐成俗。"正叔言:"自是关中人刚劲敢为。"子厚言:"亦是自家规矩太宽。"
>
> 正叔谓:"洛俗恐难化于秦人。"子厚谓:"秦俗之化,亦先自和叔有力焉,亦是士人敦厚。东方亦恐难肯向风。"[133]

"礼"在这里看起来所指的是《乡约》和《乡仪》。张载和程颐都把关中这一计划的成功实施归功于地方风俗。显然,他们相信关中传统的独特性对那里的学者接受这个计划发挥了正面影响,但我们并不清楚这一信念是否转化成一种肯定地方自豪感的渴望。换句话说,在这个例子中我们并没有看到有意识地积极构建和提升关中身份认同的意图。我们也不清楚对地方风俗独特性的认识是否使吕大钧相信《乡约》《乡仪》在他所在区域也能推行。但我们确切知道:这一计划仅限于关中。它并没有激发关中圈子以外的学者——即使是那些持赞同态度的人也没有在所在地实验《乡约》《乡仪》。

在这一计划推行之后,吕大钧的热情立即就遭到质疑。在与《乡约》文本共同保存的几封信中,吕大钧针对质疑他计划合法性的指责为自己辩护。他有两封写给二哥吕大防的信,其中一封记录了他言辞激烈的回应:

> 乡约事,累蒙教督甚切,备喻尊意,欲令保全,不陷刑祸。父兄之于子弟,莫不皆然。而在上者,若不提戏子弟之志,必须从己之令,则亦难为下矣。盖人性之善则同,而为善之迹不一,或出或处,或行或止,苟不失于仁,皆不相害,又何必须以出仕

68

---

[132]《乡约》《乡仪》文本的作者身份颇受争议。根据朱熹,这些文本在吕大钧的文集中找到,该文集现已佚。但这些文本存下来了,并且由长兄吕大中所写的跋系年于 1076 年。参见《蓝田吕氏遗著辑校》,第 563~584 页。

[133] 程颢和程颐《二程集》,第 114 和 115 页。

为善乎？ [134]

除了表达兄长对自己抱负的麻木而感到的不快，吕大钧同时也在为推行《乡约》这样的官方以外的活动的合法性正名。然而更重要的是信中提及的"刑祸"。为什么实行《乡约》会被认为是一种罪行？在另一封信中，吕大钧驳斥了兄长关于用"家仪"重新命名《乡约》的提议，他解释说这一更名无法反映契约的真实性质，《乡约》涉及整个社群，而非一家。[135] 吕大钧旗帜鲜明地在为一个由不同家族的人聚集互助而成的全村级别的空间进行声援。然而有趣的是吕氏兄弟们仍然诉诸家族的比喻来为他们推行《乡约》的意图提供理性支持。在《乡约》的跋中，长兄吕大忠声称立此乡约的目的是为了组织和转变当地人民，使他们对待彼此如家人，并共同面对善恶利害，[136] 因此《乡约》是实现《西铭》理想的一个实验。

在劝说弟弟把这份契约改称"家仪"时，吕大防很明显想要淡化69 其公共意味。吕大防显然害怕实施带有公众性的项目将招致外界的怀疑，最有可能的是来自掌权者的怀疑。吕大钧给他兄长的回复中甚至暗示吕大防已将推行《乡约》比作东汉的党派之争：

> 汉党之争，去年李纯之有书已尝言及，寻有书辨其不相似。今录本上呈。党事之祸，皆当时诸人自取之，非独宦者之罪。不务实行，一罪也；妄相称党，傲公卿，二罪也；与宦者相疾如仇，三罪也；其得用者，遂欲诛戮宦者，四罪也。不知乡约有何事近之？ [137]

尽管吕大钧托词说自己"不知"，但可以确定他很清楚这个类比的意思。因为他身处一个愈演愈烈的党派之争使得很多人丧失官职的时代。正如余蓓荷论证的，吕大钧组织《乡约》的行动正发生于中央

---

[134]《蓝田吕氏遗著辑校》，第 569 页。
[135] 同上，第 568 页。
[136] 同上，第 567 页。
[137]《蓝田吕氏遗著辑校》，第 568 页。

政府想要提升对县级之下的地方事务的掌控之时，首先是在 1055 年中央试图以政府俸禄的吏员代替耆老；其次是从 1070 到 1075 年，在王安石主政期间推行了保甲制度。因此当我们看到王安石的反对者吕大钧想要依赖"非官方"力量来主动解决群体生活中的事端，并与中央政府的地方代理保持距离时，就没什么可奇怪的。[138]

作为一项增进地方团结的计划，《乡约》很容易遭受政敌攻击，指责构建者想要结成私党以逃避国家监督。因此不难理解，这足以引起彼时正在朝廷做官的吕大防警觉。因此，在写给刘平叔的一封信中[139]，吕大钧为推行《乡约》的动机做了辩护，并反驳了两种指责：第一，《乡约》强制人们去做他们无力做到的事；第二，《乡约》是在"非官方"的基础上形成的，没有来自权力机构的认可。[140]

吕大钧回应说喜爱遵从礼是人的本性，因此所谓的强制是无稽之谈。[141] 而且，他相信关于"非上所令而辄行"这一指控只有针对朝廷禁止的或者违反风俗的行为时才能使用，比如聚集流氓地痞加害当地。相反，乡约是一个组织当地人相互支持的计划，是性质上完全不同的东西：

> 且所约之书，亦非异事。今庠序则有学规，市井则有行条，村野则有社案，皆其比也，何独至于乡约而疑之乎？况诸州犹有文学、助教之官，其职事亦是此类，但久废不举耳。或有举之者，安得为非上所令乎？以愚贱言之，则不敢逃责，或大人君子

---

[138] Übelhör, "The Community Compact (Hsiang-yüeh) of the Sung and Its Educational Significance, "in de Bary and John Chaffee, *Neo-Confucian Education*, p.380. Übelhör, "The Community Compact (Hsiang-yüeh) of the Sung and Its Educational Significance, "in de Bary and John Chaffee, *Neo-Confucian Education*, p.380.

[139] 我没能查出刘平叔的身份。有一位刘光世（1089—1142），是一位军官、关中人，他的字是平叔，但是在吕大钧死后才出生。见《宋史》369.11478–11485。

[140] 吕大钧《答刘平叔》，收入《蓝田吕氏遗著辑校》，第 569–570 页。此文的作者很难确定，但推测是由吕氏兄弟其中一人所写是较安全的。陈俊民赞同朱熹（引用，同上，第 570 页）而将其系于吕大钧名下。

[141] 在一封给长兄吕大忠的信中，吕大钧（《蓝田吕氏遗著辑校》，第 568 页）揭示了乡约的一个更早版本中的过分严格的规定在现有版本中已经得到修改。他也强调说这一约定允许人们完全自愿参加或退出，正如他其兄所建议。

71   不以人废言，则似亦可恕。[142]

吕大钧相信他在做本应由国家完成的事情。因为国家无力执行，才不得不依靠像他这样的当地士人来施行。但根据吕大钧的自我申辩，即使士人可以出来领导，他们也不应在国家政治的领域之外行动，反而应该视自己为国家的一分子。在上述的给吕大防的信中，吕大钧指出当时的平民在急需之时也会自己组织起来提供互助。他们所做的符合人情，并未违背法律；因为《乡约》不过是该类组织的一个更加完善的形式，国家必定是可以接受的。[143] 因此，《乡约》的实行仅仅是为了帮助国家，因为《乡约》中所列出的都是国家无法进行的活动——或者由于缺乏资源，或者因为被新法那样的错误政策引入了歧途。

虽然吕大钧没有直接说明，但我认为，可以将他的辩解理解为是在论证国家不该专断地将其意志强加给社会，他认为应该允许像他一样的人来掌管某些特定的地方事务。然而，与张载关于封建制度的思想相一致的是，吕大钧也宣称旨意必须来自朝廷，并且他坚持自己的确获得了朝廷的同意。在《乡仪》的"居丧"部分，吕大钧抱怨当时所行的哀悼之仪与古礼和宋代朝廷的法律都相违背。[144] 这一评价的暗含之意是他自信所提出的替代方案是遵循国家法律的，因此对于权力机关来说是可接受的。

吕大钧关于宗教礼仪的观点更具说明性。在关于社群仪式（community ceremonies）的部分，他提醒当地精英们应该严格遵循古代的祭祀礼仪并维护政治和社会的阶级区分。不合礼法的祭祷应该禁止：

---

[142] 同上，第 570 页。

[143] 同上，第 568 页。

[144] 同上，第 582－583 页。

> 士大夫 [145] 止当祭五祀 [146] 耳,山川百神,皆国家所行,不可 72
> 得而祀。近世流俗妄行祭祷,黩慢莫甚,岂有受福之
> 理哉! [147]

吕大钧认识到他同时代的士大夫不再是上古的士大夫,并且"僭越"的祭祀泛滥。 如果将他对士大夫所应扮演的角色的强调与大约一个世纪以后也谈及相同问题的陆九渊(1139—1192)的观点进行对比,就更具启发性。正如韩明士所论证的,在一个官员不履行论道、建立秩序和实施教化的应有之职,却将精力完全花在实际管理方面的时代,陆九渊质疑了国家在这些职责面前的权威性。陆九渊视自己为一个不情愿地去填补因政府后撤、不作为或低效而留下的空缺的人,因此他向山水之神祈雨,而一直以来这一祭祷都是作为国家代理的地方长官的职责。[148] 与陆九渊形成鲜明对比的是,吕大钧对士大夫不清楚自己应有的位置、试图从国家那里夺取权力的出格举动感到愤慨。

为何在吕大钧的观念中,士人被允许以《乡约》的形式代表国家组织地方社群、却不能祭祀神灵? 这与祭祀礼仪的象征意义有关。《乡约》仅仅是士人运用于地方社群的日常管理的一套规则,但祭祀礼仪却标志着政治阶梯中不同层级所拥有的象征性力量和权威。实行"僭越"的祭祀将削弱国家的权威;但推行《乡约》却不会。换句话说, 73 对国家的实际管理可以去中心化,但最终的权威和力量必须保留在朝廷手中。虽然陆九渊认为以地方为根基的士人接管国家的权威没有问题,吕大钧却提醒士人:他们仅仅是国家政权的非官方的代理人。也就是说,在吕大钧看来,国家最好由政府和地方士人共同管理。没有士,国家缺乏资源;没有国家,士人缺少正当性。

这一立场居于王安石的理念和南宋学者的提案之间,前者没有给

---

[145] 士大夫是周代贵族中最低一级,但此处也指作者时代的士阶层。

[146] 同上。

[147]《蓝田吕氏遗著辑校》,第 579 页。

[148] Hymes, *Statesman and Gentleman*, pp.196–199.

地方精英留下任何位置，而后者以叶适（1150—1223）为例，他们的提议正如韩明士和谢康伦概括的："呼吁政府的大幅撤退、权力的去中心化，从而快速激发一个因不受干涉反而更加健全的社会。"[149] 与南宋学者的立场相比，张载和他的学生大体上承认国家参与地方事务的重要性，但在某种意义上又不同于王安石及其追随者的构想。要而言之，他们觉得王安石新政所使用的强制手段会伤害国家和社会在理想状况下应有的亲密关系。只有他们提出的基于自愿的替代方案可以修补这些隔阂，并重构国家社会间和谐如家族的关系。

从 9、10 世纪之交到 12 世纪初期，关中士人在社会地位和思想学术的取向上都经历了巨大变化。宋朝的建立带来贵族时代的终结，关中开始出现新的政治和文化贵族，新秀们没有贵族背景，却仍晋升到全国性的显要位置。在北宋的第一个百年，他们主要为确立朝中位置而开展活动、构建关系网络。不出所料，他们并未致力于创立某种地方性身份认同或者开创"非官方"空间。到北宋后半叶，我们注意到地方层级的精英能动性有所提高。士人们更愿意在地方事务中发出自己的声音，并且在他们从成功的为官生涯退休之后，继续在故乡担任领袖角色。在某种意义上，他们让我们想起韩明士所说的南宋时替代了"士大夫"的"乡绅"。

但是，这里有一个重大差异：南宋士人主张权力的去中心化，而北宋很多关中士人却在探寻让朝廷参与的方式。在应对贵族制崩坏及通过科举制度向上升迁的新来者的挑战时，其中一些人甚至要求朝廷辅助以保障显赫士人家族的延续。但两方也有一个共识：一个无所不包的中央政府——比如王安石所构想的那样——也不可行，因为这既会给国家机关带来巨大负担，也会导致不做官的士人毫无施展空间。在以防御外敌为根本目标的关中的特定环境下，中央政府的全面管辖将会使地区政府瘫痪，并导致他们无法在危机出现时采取迅速和必要

---

[149] Schirokauer and Hymes, "Introduction," in Hymes and Schirokauer, *Ordering the Wrold*, p.21.Schirokauer 和韩明士的论证是基于 Winston Lo 对叶适的研究；参见 Lo, *The Life and Thought of Yeh Shih*, 第 59-68 页。

的应对措施。

　　考虑到这些，关中士人开始关注地方官员的角色以及他们应当拥有的权力。在主张地方官员应终身任职的过程中，一些士人试图将这些官员从"他们"转变为"我们"。这无可避免地会削弱中央政府对地方社会的控制。然而，正如我试图论证的，关中士人并非想要减弱中央政府的权威。总体看来，关中士人将地方社会看作是由柔性的国家和在"非官方"身份下行动的士人进行合作的场域，场域内朝廷授权地方官员和士人作为它的代表采取行动。因此以朝廷为中心的国家仍然很重要，它是最终的权威所在。李复虽然对高压式的政权提出各种警告，但他仍坚信官员应该在地方志的修撰中起统领作用。这个例子说明"非官方"士人认为，即使是修方志这样易于建构地方身份认同的领域，主导的仍然应该是"官方"。

　　在这种历史背景下出现的张载学派，他们构想出一幅将国家、士 75 人和社会关联为一个有机整体的最具说服力蓝图。他们对于"我们是一家人"的构想——这一理念基于"气化万物"的宇宙秩序观而推衍出人类社会的相互关联性——以及他们对通过"非官方"努力来构建政治和社会制度的热情，在北宋都独树一帜。这为当时的思想界提供了一种不明确区分国家和社会的、包纳寰宇的体系。作为显赫的士人家族的成员，他们既视自己为当地社会的领袖，同时也是国家体系的一部分——无论他们为官与否。他们宣称正是通过他们的行动，天下才能统一于和谐。

　　张载后来与周敦颐和二程兄弟一起作为道学的创建者从祀孔庙。然而张载却有些被边缘化了，因为他无法很好地融入朱熹构建的从周敦颐、二程到他自己的这一道学传承谱系。因此，朱熹及其追随者们为未来几代的关中士人留下了一笔有趣的遗产：张载学派究竟属于国家、还是地方？北宋时，虽然这一学派的大部分成员来自关中，但关于该派是否是"地方的"，并没有深入讨论。我们后面会看到，这将成为后世关中士人关注的一个主要问题。

　　在吕氏兄弟及其同代人逝去后，张载学派第三代学者中并未出现杰出人物，学派因此开始衰落。虽然我们知道有一些学者据说继承了家学，比如吕大钧之子吕义山（生卒年不详），[150] 但关于他们的历史记载甚少。然而，他们直至十二世纪早期的持续存在确实给程派的领袖学者带来了困扰，杨时想要凸显张载受益于程氏兄弟的努力证明了这一点。当金人在 1120 年代后期占领关中时，他们果断终结了张载学派的发展。在非汉政权的统治之下，关中士人如何应对？这是下一章关注的焦点。

---

[150] 范育《吕和叔墓表》，收入吕祖谦《宋文鉴》，145.1920。

第二章

金元时期:"黑暗时代"

　　"关学之盛,不下洛学,而再传何其寥寥也? 亦由完颜之乱,儒术并为之中绝乎?"[1]

　　在《宋元学案》中的一则评论中,全祖望(1705—1755)将一度兴盛的关学的衰落归责于金人入侵,全祖望在此语境下用"关学"的概念来指代张载学派。虽然正如我们在前一章中所见,张载学派在北宋末已经式微,但证据表明全祖望的评论是切中要害的。金人入侵不仅对张载学派,也给关中士人文化整体带来了毁灭性打击。这大部分是由于在其后金人统治的两个世纪里,士人们为了维持士人身份用尽力气。全真教的创立者王嚞(1113—1170)也许最好地说明了这一时期士人面临的挑战。王嚞在全真典籍中的名字更加广为人知——"重阳祖师"。他出生在邻近长安的咸阳县的一个富裕家庭。王家致富的过程不清楚,但显然家中成员曾经是或者试图要成为士人,因为王嚞接受了标准的经典教育,并且能够进入府学。然而,王嚞在科举中失利,最终决定到武举中试试运气。这一次他以优越成绩通过,但不知为何,仅仅得到一个吏员级别的小职位。他感到失望,最终决定"出世"。据说王嚞在1159年遇到两位得道之人,指导他进行道家修行。正是在此次相遇之后,他把名改为"嚞",指"智慧之人";取道号重阳,并因此号而广为人知。简言之,王嚞原有志成为士大夫,是在追

[1] 《宋元学案》,31.44。

寻文官之职的努力未果时，将目光转向军事。这条路再次行不通，他才转向了道教。

关于王喆"出世"选择背后的民族的或国家的动机及其对全真教运动性质的影响，数年来学者们已提出多种意见。其中一些学者——例如清代陈铭珪（1824—1881）坚持王喆出世是由于他忠于宋，这一点从他拒绝侍奉另一政权可以得到证明。陈铭珪相信，王喆参加的考试要么是由宋朝举办的，要么根本不存在。[2]其他学者更具说服力地展现了王喆是在金朝统治之下［更确切地说，是金人支持下刘豫（1073年生）所建的傀儡政权"大齐"］无法在官宦道路上出头才决定"出世"的，因此很难将他描绘成一个宋遗民。[3]更具说服力的对王喆案例的解读可能是：王喆，一个被边缘化但仍心存抱负的士人，放弃原先的身份以寻求更好机遇。

我们下面将看到，在不得不放弃士人身份这一点上王喆并非孤例。实际上这在金元时期很常见。为什么维持士人身份变得困难？这对士人文化的发展又有什么影响？这一章中我们将尝试回答这些问题，首先我们将考察金元时期关中的政治和社会状况，特别注意士人所面临的限制以及他们应对环境变化的手段。接着会追溯士人文化的转变，并追问士人如何看待这样几组关系：国家和地方，"官方"和"非官方"，中央以及区域。

异族统治与士人阶层

对于12世纪初的宋朝来说，金人入侵是有些出乎意料的。在大约一个多世纪中，两股主要的威胁力量是契丹族的大辽政权和党项族的西夏政权；而发源自东北（今满洲）的女真人在辽朝期间才慢慢站稳脚跟。12世纪初，他们建立金朝，并联合西夏力量推翻辽朝、占领

---

[2] 陈铭珪《长春道教源流》。

[3] 郭旃《全真道的兴起及其与金王朝的关系》。

宋境。1126 年,长江和秦岭以北的土地迅速落入金人手中。战争又持续了很多年,最终在 1142 年双方签署宋金合议,宋朝同意让出淮河以北的土地。

早期金朝统治者不熟悉如何管理农耕社会,必须实验多种方法来治理他们新占领的土地。在 1131 年后的十年间,陕西基本上处于傀儡政权大齐治下。虽然从某些方面看,大齐皇帝刘豫享有自治——比如他有年号"富昌"且举办了两次科举考试——他仍然是必须听命于金朝的"子皇帝"。一旦金朝裁定齐国对其不再有利,刘豫就被迅速拉下台,短暂的双重政权期终结了。[4]

金朝也保持了一些旧的管理建制。"猛安谋克"制就在金人占领了中原地区之后仍然施行,这一制度下,金人的数千户被编为一个军事及社会单元,并有一位可世袭的领袖。究竟有多少猛安谋克户入驻关中并不清楚,但有人估计说,在构成今陕西的各路中,大约有超过一万户。[5] 到 12 世纪末 13 世纪初,虽然时不时有抑制女真人和汉人间交流的举措,但是很多女真人已变得和其汉人邻居难以区分。[6] 金朝灭亡之后,女真人在蒙古统治之下被归入"汉人"一类,这是低于蒙人和色目人(字面指"杂类",主要包括源自西亚和中亚的种族)的一级。虽然我们并不清楚种族歧视是否确实是此种分类的理由,但毋庸置疑的是女真人失去了他们曾享有的特权地位。

蒙古人在 13 世纪初期就开始侵袭宋朝西北,并在 1230 年间完全占领了该区。之后的 20 年,关中进入了短暂的恢复期。忽必烈(1215—1294)在 1250 年代从蒙哥(1251—1259 在任)处获得陕西作为其封地。在忽必烈的管理下,廉希宪——一位深谙汉人学术的维吾尔族人——被任命为关西路宣抚使。正如罗茂锐(Morris Rossabi)指出的,虽然廉希宪的很多政策都倾向汉族士人,但忽必烈本人并不愿意完全依赖汉人。忽必烈拒绝恢复科举考试的行为显然可以印证这一

79

---

[4] 《金史》,77.1759–1761。《宋史》475.13793–13802。1139 年,金朝短暂地把陕西"还给"宋朝,但 1140 年再次侵入并在那之后直接统治该地区。(《陕西通史》,6:226–241)。

[5] 孙进己等编,《女真史》,第 104 页。

[6] 《陕西通史》,13:232–234。

点：因为科举会使他过于依赖汉人官员和顾问。[7] 的确，忽必烈定下了基调要维持各个族群和文化传统间的平衡——不仅仅在他掌管关中期间，也包括他称帝之后（1260—1294）；而他的这一举措为元朝后来的统治设下了模范。

忽必烈登基之后，他延续了蒙哥的做法：任命一位皇子掌管陕西（包括今天陕南一带）。1272 年，他的第三子忙哥剌被封安西王。这一任命是为了让他控制河西（在今甘肃境内）、吐鲁番以及四川等地区。[8] 忙哥剌的府邸"安西王相府"位于京兆（西安）。显然，有一位能干的儿子管理西部和西北边境区域，让忽必烈感到更加安全。然而他没有完全信任他的儿子，因为他在陕西设置了另一个行政机构——行中书省——作为中央政府的区域代理。在此后的几十年间，这一设置在皇子和朝廷间制造了很多紧张。京兆府曾一度被重新命名为安西路，而陕西行省成为安西路总管府；这一重构证实了皇子的权力。1280 年忙哥剌死后，忽必烈废除了相府，但没有取消皇子的世袭权，忙哥剌的长子阿难答袭封安西王。直到阿难答在 1307 年的夺权之中失败，安西王的权力才最终被镇压。1312 年，为了一举清除安西王的影响，安西路被重新命名为奉元路，字面意义就是"尊奉元朝"。[9]

除了双重政体触发的阿难答的失败政变之外，关中在这一时期并未真正经历分裂主义的威胁或者任何大规模的人民起义。[10] 如果我们将关中、大西北地区与华北（河北，山东，河南）比较，这一点就会更明显。这一时期各个政权的都城都在华北，但令人惊异的是，这些政权却并未获得对该区域地方社会的强有力掌控，因为在 13 世纪初，地方精英得以迅速组织地方武装，并在蒙古进攻时转而反抗金人。红袄军起义之后又有第一代世侯。截至此时，华北大部分地区都已是半独立状态。

---

[7]　Rossabi, *Khubilai Khan*,pp. 28-30.

[8]　萧启庆, *The Military Establishment of the Yuan Dynasty*,p. 206n385.

[9]　《陕西通史》, 6：333-352。

[10]　即使阿难答事件也没有直接牵涉关中。它发生在元大都，在那里暗杀皇帝的计划失败了。

当代对世侯的研究表明他们的出现基本上是一个华北现象。[11] 在这些研究中得到集中关注的几位西北世侯——包括王钧（卒于1267年）和汪世显（卒于约1242）——在当时却不那么重要。据说王钧聚集了约一万人地方武装来保卫当地人、抗击侵扰关中的暴徒。他一开始忠于金朝，后来蒙古占领关中之后他投降蒙古，并被授予他所在职位的世袭权。然而，同时期的华北平原其他大部分世侯似乎都比他更强大，他的传记也指出他是最弱的世侯之一。他的传记列出的原因是他很仁善，因而亲自承担了政府强加于他治下人民的很多赋税。另一个可能是他缺乏坚实的地方基础。[12]

汪世显从军队发家，晋升至平凉防御使（今甘肃东部）。后来他投降蒙古，并帮助他们攻打南宋。他的传记表明他是从国家军队系统，而非通过地方自卫团体获得势力。[13] 相较而言，华北平原的地方武装大部分是以地方亲族关系为基础形成的，不依赖国家力量。[14]

13世纪后半期，世侯逐渐被元朝镇压，但华北仍然动荡不安。14世纪初期，最初基于亲族网络的白莲教运动迅速蔓延，华北正是这个运动逐渐衍变为大规模起义的主要舞台。[15] 另一方面，西北则相对平静，只有一些主要由佛教或道教人士领导的小骚乱，但也很快被政府平息。直到红巾军从北部进驻该区域后，元军在西北的军事力量才被显著削弱。[16]

概言之，从分裂的威胁和社会变乱方面来看，华北一直被动荡裹挟，而西北则相对平静。这一现象表明：胸怀抱负的西北人没能调动

81

82

---

[11] Aubin, "The Rebirth of Chinese Rule in Times of Trouble"; 孙克宽《蒙古汉军与汉文化研究》收入氏著《元代汉文化之活动》，237–344页。到何之《关于金末元初的汉人地主武装问题》；井ノ崎隆興《蒙古朝における漢人世侯（河朔地区と山東地区の二つ型），及氏著《元朝成立過程における漢人世侯》；胡小鹏《元代西北历史与民族研究》，147–184页。

[12] 姚燧《王公神道碑》，收入《牧庵集》，21.271–273页。

[13] 姚燧《总帅汪义武王世显神道碑》，收入《还山遗稿》，1.26a–30a。

[14] 参见 Aubin, "The Rebirth of Chinese Rule in Times of Trouble."

[15] 例如韩山童（生卒年不详）家世代都是白莲教在河北的领袖（《元史》42.891）。这一现象似乎在清朝再次出现；在 "Connections Between Rebellions" 中，Susan Naquin 记录了一些世袭了白莲教运动传统的家族，并在清朝初中期的河北和山东数代维持世俗领袖的地位。

[16] 《陕西通史》，6：366–375。

政府力量之外的足够资源来形成地方武装。关中西部郿县的两个治水工程的事例让我们能够窥见地方精英力量的局限。

1196 年，新上任的知县孔天监（生卒年不详）开始修复一条荒废六十年的灌溉渠道。据说孔天监就此事询问了当地长者。他们很高兴，但是没有人能够提供帮助。直到他遇见承诺帮忙的道士杨洞清，他的计划才得以实施。然而，就在渠道将要修缮时，朝廷召孔天监入朝，这项工程不得不中止。幸运的是，一位张姓宪司正好因公务到郿县，他得知这项停滞的工程后与杨洞清定了一份契约，这项工程才得以在三年内完成。这个渠大概没有正式名称，但在为此事所立碑的碑记中，作者强造（生卒年不详）——大概是出自郿县的一位无官职的进士 [17]——称它为"孔公渠"。[18]

通过仔细阅读，我们会发现强造这篇碑记事实上是对孔县令的一篇颂词。强造强调，虽然这项工程通常被归功于杨洞清，孔县令才是对其投入最多的人。[19] 强造也强调了关中士人的被动。在孔县令就任之前，沟渠一直荒废达六十年之久以及他无法从当地耆老处获得任何帮助而必须求助于道士，这两个事实都充分说明地方精英没有什么资源。此例中，地方领袖的角色落在了道士身上。像强造这样的"非官方"士人看起来无法在地方社会施行权力、只能做被动的观望者。

当然这并不意味着所有的关中士人都无法体现他们的存在价值。就在不远处、郿县的另一个地区，一位富裕的当地士人想要解决因一条河河水的使用权而起的争端。在目睹了强权者如何剥夺弱势者的权利并独占了河水使用权之后，刘文秀（生卒年不详）——一位家族因富裕而闻名的学者——将民众组织起来，一齐向当地权力机关请愿，并要求政府干预。当地官员批准了他们的申诉。最终，当地还竖了一块碑来纪念刘文秀的行为，并充当一个所有人遵循的常设契约。[20]

---

[17] 强造自称为"进士凤泉强造"，这说明他是来自郿县的一个地方——凤泉的一位进士。但整篇碑文的语气表明强造明显视县令孔天监为上级。

[18] 强造《孔公渠水利记》，收入张金吾《金文最》，第 352–354 页。

[19] 同上，第 353 页。

[20] 高褒《宁曲水利记》收入《郿县志》，8.269–271。高自己也是来自郿县以东五十公里处的周至县的一位上人。

在这个例子中，我们看到一位士人担起地方领袖的角色，但他并 84
不是唯一的领导者。碑文末尾的名单含有地方官员、未确认身份的当
地士绅，还有佛教与道教人士。[21]碑记的作者断言地方官员对这份合约
的实施至关重要。而本地士人刘文秀需要借助官员的权力来达成此事。

刘文秀无法独自掌控权力，这一点不应令我们意外。这一时期，
由于政治权力大多由非汉人掌控，做一位士人是有些尴尬的。一方
面，士人一般被统治者肯定为文化精英；另一方面，与北宋相比，士
人们也仅仅是能获得较高政治地位的一批特权群体中之一罢了。虽然
那个广为接受的观点——元朝儒生的社会地位仅高于乞丐——并不正
确，[22]但它的确反映了一些元代士人对自身不受尊敬状况的感受。[23]他
们必须努力向君王“贩卖”他们所代表的文化，因为君王们现在有了
其他选择：来自金人和蒙古人的本族文化，还有如伊斯兰教和藏传佛
教这样的宗教传统，而这些传统在之前的时代几乎没有任何影响力。
此外，失去在北宋所拥有的特权地位的士人阶层此刻面临着来自吏
员、武官、宗教人士的强烈挑战。[24]面对这一变化，很多士人发现他
们不再能像北宋士人那样，已经无法再保持与众不同的“士”的身份
了。这在北方尤为真切，因为那里持续的战争剥夺了士人必须用来维
持其身份的资源。牧野修二指出，金末元初的很多士人被纳入军户，
其中数量相当大的一批人后来上了战场。[25]在关中，我们也可以找到 85
一些祖父曾经是士兵、父亲是商人而自己成为士人的例子，[26]在士人
和医生身份之间跨界的例子也多不胜数。[27]正如我们下面将看到的，
尽管很多士人在他们的著述中对吏员评价甚低，这二者之间的跨界却

---

[21] 同上，8.268-269。

[22] 参见比如谢枋得《送方伯载归三山序》，收入氏著《谢叠山全集脚注》，第29-32页。

[23] 萧启庆《元代的儒户：儒士地位演进史上的一种》，收入氏著《元代史新探》，第1-58页。

[24] 参见，例如 Merkind Bayan's "anti-Confucian" reaction（Dardess, *Conquerors and Confucians*, pp.53-74）。

[25] Makino Shuji, "Transformation of the Shih-jen in the Late Chin and Early Yuan," pp. 19-25.

[26] 同恕《儒林郎冯君墓志铭》，收入《矩庵集》，8.16a-18b。

[27] 同恕《白君宝墓志铭》，收入《矩庵集》，6.13a-14a；李庭，《嵩阳归隐图序》，《寓庵集》，藕香零拾本，4.36a-b。

变得更加频繁，主要是因为吏员现在也可以被提升，进入官僚系统主流。一些士人在职业生涯开始时曾任小吏，并且一些吏员在一段成功的职业之后，开始像士人一样行事。

维持士人的独特身份及与此关联的声望日渐困难，这对士人文化产生了深远影响。无论情愿与否，很多士人放弃学术而开始其他的探索。这当然并不意味着士人作为一个阶层已经丧失其独特性，或者说士人文化在"外族"统治期间几近消亡，但难以否认的是：随着金人在 12 世纪 20 年代的入侵，北方士人活动确实遭受了重创。与华南很多地方不同——那里的精英家族和士人文化呈现出更大延续性，[28] 北部的主题可以说是断裂。通过对金朝原始资料和二手材料的仔细研究，包弼德指出，一直到 12 世纪 90 年代，士人文化才开始复兴，这已经是金人占领北宋都城开封之后整整两代的时间："虽然文学和学术活动在开封陷落后的六十年间并未绝迹，但却相对沉寂，而且残存的学术活动更多地得益于辽朝的传统，而非宋。"[29]

尽管断裂的阴霾存在着，金元时期的北方在较为安定的时期却见证了不乏创见的士人活动。事实上，正如 *China Under Jurchen Rule* 一书的撰稿者们所说，通常被认为与南宋的成就相比相形见绌的金朝远非士人文化的荒漠，虽然它呈现出与南宋文化相异的形式 [30]。然而我们不禁要问：西北是否也是如此？查阅地方志中的"经籍"部分显示：与其他时期相比，这一时期西北极少有文学著作。例如，1735 年的省志中出自金元时期的仅仅列了 36 部书，而仅宋朝一朝就有约一百部。[31] 这一差异表明，在两百多年的这段时间里，关中的学术活动相对沉寂。

为什么关中士人文化没能从外族占领中恢复？答案当然与士人家

---

[28] 参见，例如韩明士 "Marriage, Descent Groups, and the Localist Strategy in Sung and Yuan Fu-chou"，收入 Ebrey and Watson, *Kinship Organization in Late Imperial China*, 95–136 页；以及包弼德 "The Rise of Local History".

[29] Bol, "Seeking Common Ground," p.466.

[30] Tillman and West, *China Under Jurchen Rule*.

[31] 陕西通志（1735 年版），卷 74–75. 这是一个约数，因为（1）一些著作因为各种原因不能精确系年，（2）作者身份有时也不清楚。然而，这个趋势是清楚的。

族在这段时间里无法取得跨越代际的成功密切相关。

士人家族的中落

各种迹象表明:金人入侵后关中经济一落千丈,并且从未真正恢复。首先,关中总人口急剧减少,主要是由于各政权间的战争。金代的人口数据非常粗略。我们所能作的最好估计是,13世纪初期,今天的陕西地区(当时宋金各占一部分,而关中属于金朝)有七十万户。一个多世纪以后,金元间的战争再次给当地社会带来巨大灾难。1231年蒙军从西边逼近关中时,金人放弃长安并把人口迁到河南。[32] 没有精确数据显示战争期间究竟有多少生命丧失,但人口的减少必定是显著的。有记载的长安在1312年——蒙古占领约八十年以后的户口数是36,016,仅仅占1102年数据的5%。虽然1312年的这个数据小到不太可信,但应当足以支持关中在宋金元的变迁中遭受重创的判断。[33]

战争期间人民逃离故土、抛弃耕地,使农业生产近乎完全停滞。但重大战争之间的相对和平时期的情况并不清楚。一些学者从比较的角度论证说关中经济在金人统治的两百年间崩坏主要是由于自然灾害及政府失于发展农业。相较而言,忽必烈治下的陕西情况要更好一些,但该区在全国整体大局中的重要性却在宋金元交替的这段时间逐渐下降。例如,1077年陕西向朝廷上缴的实物税收仅次于河北而居第二,但到1299年和1325年,已经下降至第七,仅仅领先于如四川、辽阳和甘肃等所谓的落后区域。[34]

在如此的恶劣情况下,如前一章所介绍的显赫官僚家族几乎从历史舞台上消失。如果只考虑当地情况,新兴的得以维持几代兴旺的家族显然极其稀有。本章讨论的大部分士人或者是出自新兴的家族,或者是未来将要兴盛发达的家族的开创者。显然他们的后人无法复制他

87

---

[32]《金史》,17.383。

[33] 曹占泉《陕西省志》,第75—79页,330。

[34]《陕西通史》,11:149—163。

们的成功，因为一两代之后我们通常就找不到这个家族的痕迹了。[35]
从金元时期关中士人的著述中，我也没能找到任何族谱的序言。这看
来意味着当时在南方已经非常流行的家谱修撰在关中并不普遍。[36]总
之，对于研究南部中国社会史的学者们来说再熟悉不过的亲族组织、
拥有绵延数代的稳定性的大家族等现象，在关中即使存在，也非常
鲜见。

88   当然，这并不意味着作为维护精英社会地位工具的亲族关系对关
中士人不重要。这一时期的人物传记表明家族仍然是他们自我指涉的
重点。[37]偶尔我们也会找到一些宣称他们已经数代共同居住的家族。
在关中东部蒲城的王家就是这样一例。

          据说王家在晚唐五代时期就合并为一族，但其成员在混乱的 13
世纪 20 年代散落各处。一个叫王毅的后来回到了蒲城，开启了新的
一支，并传承延续至元代末期。[38]王毅的一个儿子，生有五子，分别
名为恩，智，书，忠和回。而到这一代为止王家人还都是农民。王忠
告诉他的兄弟，为家中有天赋的成员提供教育并让他们做官非常重
要。王恩认为家族的繁盛是由于国家善待人民，因此为了表示感恩，
像他家这样的家族应该把成员送去为国家服务。[39]国家确实对王家很
好，因为他们两次被授予"义门"的头衔，一次在延祐时期（1314—

---

[35] 也有出自刚刚搬到关中的古老家族的士人的例子。例如，吕端善（1237-1314）家
     正是衣川强研究的河南吕家的一支。他们在吕端善父亲之时定居关中，并在后面几代都享
     有持续的成功；参见苏天爵《吕文穆公神道碑》，收入《滋溪文稿》，7.92-97.然而，这个
     家族的经历是一个例外而非常规。

[36] 森田宪司（《宋元時代における修譜》）从现存的宋元文集中统计了 205 篇序。其中
     没有出自陕西的，更不必说关中了。森田并没有包括金朝的文集，但我自己的考察表明这
     一数据仍然是零。

[37] 例如，从祖父辈开始家族在关中就出名的官员来献臣（1183-1263），据说在死前为
     将来自己传记的编者写下来自己的家族历史；参见李庭，《故陕西行中书省议官来献
     臣墓志铭》，收入《寓庵集》，6.71b-72b。

[38] 危素《义门王氏祠堂碑》，收入《蒲城县新志》，7.4b-5a。

[39] 据说王忠告诉他的兄弟：家族的成员超过二千，我觉得这不太可能，因为到危素写
     下此文的时候，王忠和他所有的兄弟一起总共有十四个儿子、二十七个孙子。即使算上所
     有亲属和女性成员，也非常不可能达到两千。我猜测"千"字是"十"字的错印，这在中
     国文本中并非稀见的讹误。因此，王忠所说的数字大概是"二十"，我觉得这可能更加接
     近真实，因为这个评论是在危素撰文之前很久所发，当时还没有二十七位孙子。

1320），一次在泰定时期（1324—1328）。[40]

　　后面的故事就很典型了。一些家族成员，尤其是王忠之子王玮，　　89
拥有成功的仕宦生涯并建起了全国性的关系网络。[41] 当王家在 1354 年
决定建一所祠堂时，王玮命其子王讷前往都城，之后去河北新城请
当时的高官、来自江西的著名学者危素（1295—1372）为此事撰写碑
文，以证明他们的显达。[42] 但除了这篇碑文、同样由危素撰写的王玮
墓志铭以及由另一位朝廷高官、出身四川但大部分时间生活在江西的
虞集（1272—1348）所写的一首诗以外，我们没有任何关于王家的其
他信息。在 1905 年地方志的“选举”门下可以找到关于王家的几条记
录，但这些信息与危素文中所提到的相同。方志的修撰者还提到一篇
欧阳玄（1283—1357）为王家墓地所写的碑铭，欧阳玄是江西庐陵人，
后来住在湖南浏阳。但该文太长因而没有收入方志。[43] 王家与约翰·达
第斯及其他学者研究的金华地区蒲江的郑家相比，二者在能搜集到的
材料数量上的对比是巨大的。[44] 王家后来发展情况的资料的缺乏似乎
意味着这个家族解体了，其成员在几十年以后就归于默默无闻。

　　更令人惊异的事实是，我们所知的这几位士人（危素，虞集和欧
阳玄）中没有任何人提到王家来自关中。事实上，他们全都来自南
方，并且与江西区域联系紧密。如果不是由于危素和虞集文中提及了
特定地区，人们很可能会以为这个家族是在南方。王家与关中的联系
几乎如同不存在。由于这一时期的很多文献已佚，我们不能下结论说　　90
没有任何关中士人为王家撰写文章或者提及王家，但根据已有材料可
以推测王家并不满足于仅仅显达于当地，而是积极寻求全国性知名人
士的肯定。

---

[40] 危素《义门王氏祠堂碑》，收入《蒲城县新志》。元朝正史中记录有陕西的三个义门
　　　（《元史》197.4440；同时参见黎小龙，《义门大家族的分布》。）

[41] 王玮的传记参见《元故奉议大夫行宣政院经历王公墓志铭》，氏著《危学士全集》，
　　　12.41a-43b。

[42] 危素《义门王氏祠堂碑》，收入《蒲城县新志》，7.4b。

[43] 虞集《奉元王氏孝义诗》，氏著《道园遗稿》，3.13a. 参见《蒲城县新志》11.13a, 8.2a。
　　　欧阳玄的这篇碑文在他的文集《圭斋文集》中并未找到。更早版本的《浦城县志》（1666
　　　和 1782 版）并未收入危素的文章和虞集的诗。

[44] 关于郑氏义门，参见 Dardess, "The Cheng communal Family."

危素的文章没有告诉我们任何涉及王家婚姻关系的信息，但这一时期关中人士的传记普遍显示，关中精英积极地通过婚姻关系构建地方关系网。正如后面会得到证明的，本章所述士人的婚姻模式通常类似于韩明士和其他学者研究的南方地方精英的模式。但是与南方一些更为成功的家族相比——历史给我们留下了足够的信息来追索他们几代人的婚姻模式（虽然通常中间有间断）——我们缺乏材料来判定关中家族一代或两代之外的姻亲。这再一次表明关中的精英家族通常无法在较长的时间尺度上延续他们的兴盛。

将一个人培养为成功士人，家族传统在其中的重要性再怎么强调都不为过。因此，关中士人家族昙花一现式的特质大概是关中士人文化在这一时期无法繁盛的重要原因之一。然而，一个黑暗时代中仍然偶有火花闪现。12 世纪晚期，关中开始出现第一代士人。金末元初的大学者元好问（1190—1257）感受到他们的重要性，并将他们记入他的《中州集》———一部收录活跃于 12 世纪后半和 13 世纪前叶的作者的简短传记和诗歌的选集。

《中州集》诗人群体，1175—1215 年

为了使自己的文化和南宋区分开，金代士人对此煞费苦工。其中一些人宣称他们的文学是从唐代到北宋文学传统的延续，尤其是古文运动。[45] 在我看来，他们的目的是取代南宋，构建自己的文化正统性。但一些金代士人也试图将金代文学与北宋文学分开。比如，元好问就对活跃在北宋时期和金朝建立之后的士人做出了区分，称前者为"宋儒"，而后者是"国朝文派"的成员。元好问认为，这一新的文学运动的杰出代表是蔡圭（卒于 1174）、党怀英（1134—1211）和赵秉文（1159—1232）。[46]

---

[45] 詹杭伦《金代文学史》，第 66—67 页。
[46] 见元好问对于蔡圭的评论，《中州集》，第 33 页。

在这些文学人物中，党怀英与关中有关联。他家原本来自关中东部的凤仪，但他父亲在做官期间卒于山东东部的奉符，全家就留在了该地，并且很好地融入了当地社会。党怀英的妻子是著名北宋士人石介（1005—1045）的后人，她家从五代以来就是奉符的大族。[47] 也就是说，虽然后来很多陕西的材料想要收录党怀英，[48] 但他与陕西的关联很明显是微乎其微的。事实上，关中士人在金朝文学世界中并不重要。纵观整个金元时期，我们对关中士人的文学成就几乎一无所知。现当代学者很难找到能够代表关中"文学"领域的文人。一些学者断言说虽然"雅"文学不甚发达，但是戏剧之类的"俗"文学却迅速发展。[49] 但这恐怕不确切。在孙楷第的经典著作《元曲家考略》所列的八十五位元杂剧作者中，只有两位被认定是关中出身。两人的生平信息很有限，并且很难确定他们是否曾在关中待过足够长的时间。[50]

通过编写《中州集》，元好问的确帮助保存了与关中有关联的二十位诗人的诗作和小传。但这些记录仍不足以让我们重构金代关中的文学史。其中一些人我们甚至都很难确认他们究竟是活跃于关中，还是和党怀英一样，最多只能算与关中有过"曲折"的联系。[51] 我们可以做的是从这些《中州集》作家的著作中辨认某些突出的主题——尤其是张建（1175 年活跃）和杨庭秀（卒于 1215 年），关于他们二人我们所知略多于其他人。

92

---

[47]《金史》，125.2726-2727；赵秉文《翰林学士承旨文献党公碑》，收入赵秉文《先贤老人符水文集》，11.163-165。

[48]《陕西通志》（1735 年版），63.87a。

[49]《陕西通史》，6:381-388。

[50] 这两位关中剧作家是撒彦举和李仲章。另外三位出自今天的甘肃，离关中很近：邾仲谊，卫立中，和宋方壶。另一位荆干臣在关中待过一段时间。还有一个孙周卿，在一些史料中被认作关中人，但是孙楷第（《元曲家考略》多处）提供了令人信服的证明说他是开封人。

[51] 除了我们讨论过的党怀英之外，余下十九位关中诗人中有十四位来自陕西中部：施宜生，史肃，萧贡，张建，杨庭秀，李端甫，景覃，段继昌，李节，杜佺，杨兴宗，赵亮功，王修龄，步元举。四位来自陕北和邻近关中的甘肃：师拓，岳行甫，雷琯，史学。还有一位李贲，他原本是山西平津人，但大概在 1210 年代蒙古入侵期间逃亡并留在了关中。

张建和杨庭秀：忠

张建字兰泉，出身关中东部的蒲城，是一位著名诗人。他的为官之路并不顺利。除了在宫中任应奉翰林文字的一段时间，他似乎一直扎根于关中。他娶了郭彬之女，郭是蒲城本地人但没有官职。[52] 张建现存著作中的绝大部分是为本地人所写、涉及关中事物的。[53] 虽然张建的写作有地方中心的特点，他也致力于提醒读者：忠于朝廷是最重要的美德。在拜访了篡位失败被杀的汉代大将军韩信（卒于前196年）的庙之后，张建写了一首诗，在其中他宣称自己依据孔子在《春秋》中定下的原则衡量历史人物。他坚持韩信应该保持对汉朝的忠诚：

> 既能归汉知真主，何必下齐求假王。[54]

汉朝建立者刘邦在击败他的主要对手项羽之前，派韩信去攻打齐国。韩信成功完成了任务，但他立即请求刘邦任命他为齐王，以更好地统领齐国人民。刘邦虽然对韩信叛乱有所担忧，但还是同意并下达了正式任命，只是在那之后他试图削弱韩信的力量。张建追问韩信究竟是怎么想的：已经遇到如刘邦这样的真命君主，韩信应该感到满足并尽忠，但他却怀有二心。张建由此认为韩信不清楚自己的位置、应该受到批判。

在1175年为关中东部华州城隍庙所写的碑文中，张建更清晰地表达了他关于忠的思想。碑文中他回忆了唐昭宗（889—904年在位）在遭李茂贞（856—924年）攻击后，向东逃亡过程中如何躲过了一次刺杀。昭宗原本的目的地是太原，但在抵达华州后，却成了刺史韩建的囚徒。一天夜里，韩建谋划杀死昭宗，此时城隍神现身谴责韩建

---

[52] 郭彬是郭周卿（1194—1268）的祖父（李庭《陕蜀行中书省左右司员外郎郭公行状》，收入《寓庵集》，6.57a–58a.）。

[53] 民国初期由一位陕西学者张鹏一（1867—1944）在编辑关陇丛书时从各类文献中收集张建的著述，编成《兰泉老人遗集》，此集在《丛书集成续编》中重印。

[54] 张建《韩信庙》，收入《中州集》，第336页。

不忠，刺杀计划因此被弃。昭宗在得知此事后将城隍神请进他的暂住地。当他最终得以返回长安后，昭宗授予了城隍神"吉安侯"的头衔。[55]

姜士彬（David Johnson）已经指出了这篇碑文中几个很有趣的地方。其中最重要的大概是张建所作的下面这个论断并非事实："遭五季离乱，典籍废灭，史逸其事而不传，然华之父老至今能言之，而未尝不流涕也。"[56]

通过和其他材料的详细对比，姜士彬论证了对这一事件的记载并不像张建宣称的那样是基于当地的口传，而几乎是一字不变地抄录了欧阳修的《新五代史》。[57]据《新五代史》记载，韩建是因为父亲以自杀相威胁才不得不放弃刺杀计划，但张建却断言是城隍神救了唐昭宗。"之后，为了令他的虚构更加可信，他又假称是从华州老人口中获知。"[58]

姜士彬认为，这个传说蕴含的忠诚和服从的美德，是张建这样的地方精英想要让地方人士明白的。姜士彬的另一判断也颇为可信：所谓的"父老"有可能是社群中无头衔的领袖，"大概是富裕的商人或地主，也可能是受过相当程度的教育而未通过科举考试的人，或是其他地方贤人。"姜士彬指出倡导忠与服从之德将有利于维护精英的利益，因为这会鼓励当地民众尊敬他们——这也很有道理。[59]但我认为，这篇碑文同时还表现出关中精英是如何以朝廷为导向的。

在碑文中，张建告诉读者：当这位知州——一个有皇家姓氏"完颜"的女真人——要求地方要员捐资重建庙宇时，他们很乐意，因为他们考虑到"吾乡虽屡遭兵革残毁之甚，而不被弑逆之名者，赖此神之力也。"在整篇文章中，这是唯一一次提及华州人民从城隍神那里受

94

---

[55] 张建《华州城隍神吉安侯新庙碑》，收入《兰泉老人遗集》，第 604-605 页。

[56] 同上。（Johanson 翻译了此节，见 "Counterfeit Miracle"，第 491 页。）

[57] 对此事的记载见欧阳修《新五代史》，40.433-435。

[58] Johnson, "Counterfeit Miracle," 第 491-494 页。

[59] 同上，第 494 页。

95 到的恩惠。[60]因此，这篇碑文主要着眼点并不在于修庙这个地方工程本身，而是通过援引一个历史事件，张建表达了对处于权力层级体系中地方应该如何"合宜"地服务中央的看法。这一点在文章结尾处更加明显：张建引用了孟子，说写此碑文的目的是"使'乱臣贼子'惧"。[61]

张建援引的是孟子有关《春秋》主导书写原则的讨论。与主要将《论语》用于限制贵族统治[62]——正如阿兰·伍德（Alan Wood）所观察的——的宋代道学家相比，张建引用这一段来强调君主的绝对权力。

在现存的张建所作的七篇铭、赞颂以及赋（包括城隍神的那篇）中，有三篇是关于当朝皇帝或者过去君王的所作所为，另外三篇则涉及当地官员。[63]唯一与执政无关的是一篇表达"出世"之愿的赋。然而，与写"出世"的其他作者不同，张建的考量并不是为了抗议政府或者想在黑暗时代保存道德和文化，他基本上就是想延长寿命。[64]简言之，在他有限的传世篇目中，张建从未表现出任何质疑朝廷和国家权威的倾向。对他来说，整个公共生活就是——而且应该是——源于朝廷的政府活动的延伸。

华州城隍神也许救了华州人民，使他们免于背负叛乱者之名，但在 1210 年蒙古入侵时，他却很明显没有扮演好他的角色。师承张建学
96 诗的杨庭秀是华州人，他就没有受到城隍神的恩惠。退休后居住在华州的杨庭秀与其他地方官员一起被指控于 1215 年策划叛乱，据说他们组织地方武装并杀害了华州女真官员和平民。这一事件发生时金朝正受蒙古压迫向南逃逸，所以引起了很多恐慌。杨庭秀和他的家人最终被金朝判处死刑，但显然这一指控完全没有根据。当地武装很有可

---

[60] 张建《华州城隍神吉安侯新庙碑》，收入《兰泉老人遗集》，第 605 页。引文的译文取自姜士彬的"Counterfeit Miracle，"p.494。

[61] Johnson, "Counterfeit Miracle," p.494.

[62] Wood, *Limits to Autocracy*, pp.1-131.

[63] 张建，《高陵县令张公去思碑》《瑞香宝峰颂》《仙蜕岩碑跋》，《崔朝请去思赞》和《石字坡赋》，收入《兰泉老人遗集》，第 604-608 页。

[64] 张建《反招隐赋》，收入《兰泉老人遗集》，第 603-604 页。

能是在极端混乱状况下组织起来去支持政府的。[65]无论如何, 元好问对《中州集》中杨庭秀的简短传记评论说他蒙冤被杀后"士论冤惜之"。[66]

杨庭秀留下的著作极少——确切说只有四文四诗。其中五篇写于他在距华州约一百公里的山西泽州任知州期间, 一篇大约写于任平凉府(今甘肃)同知期间。唯一一篇与关中有关的是1198年为华山一座寺庙的庙门所写的碑铭。杨庭秀是以当地士人的身份来撰写的, 但此文开篇讲的却是华山和朝廷的关系。我们被告知, 作为上古天子巡游时频繁到访之地, 华山在后世获得了皇家称号。碑铭其余部分是关于此庙如何在海陵王(1149—1160年在任)治下由于国家陷于混乱而成为废墟。幸运的是, 朝廷能够"拨乱反正", 并且世宗登基后几次命令官员翻新此庙。到杨庭秀的时代, 除了灏灵门以外, 整座庙已基本得到重建。直到以重建辖区内所有寺庙为己任的前任王姓县令时, 庙门才最终得以修复。这项工程完工时, 王县令被调往别处, 便写信给杨庭秀请他写一篇碑文, 杨庭秀愉快地答应了, 用他的话来说"庭秀乡国, 又与公旧义不可辞。"[67]

97

如果这篇碑文的语气可以被视作一种迹象的话, 杨庭秀更像是一位会宣誓效忠朝廷的、以本土为根基的士人, 而不是利用混乱局面谋划叛乱的人。从文中也可以清楚地看到, 杨庭秀把像王县令这样的地方官员视作朝廷政治的延伸。华山寺庙被当地官员忽视而流于荒废是因为海陵王期间朝廷政治的混乱。相反, 王县令可以修复灏灵门恰恰是因为朝廷秩序已经重建。因此, 中央和地方唇齿相依, 而作为地方士人的杨庭秀不会另作他想。对杨庭秀来说, 朝廷是所有政治权威的

---

[65] 即使金朝正史对于此事的记载也相互冲突。在宣宗(1213—1223年在位)的传记中, 杨庭秀和其他一些人被指控叛乱, 但是在一位叫韩玉(进士1194)的人的传记中, 这些被牵连的人说是被冤枉的; 他们事实上在组建军队来救援皇帝; 见《金史》, 14.308, 110.2430. 张鹏一令人信服地论证了由于帝王传记主要是基于记载每日事件的《实录》, 它们通常无法反映对于特定事件认知的后续发展; 见张鹏一在《杨晦叟遗集》中的注, 第590页。和张建一样, 杨庭秀的著作也由张鹏一搜集编入《关陇丛书》, 并且后来在《丛书集成续编》中重印。

[66] 元好问《中州集》, 第346页。

[67] 杨庭秀《西岳灏灵门碑》,《杨晦叟遗集》, 第591-592页。

根源，而对朝廷的忠诚则是确保社会正常运行的根本价值所在。

一个多元化的世纪，1200—1300

正如元好问在序中所说，他编《中州集》的目的是保存王朝更迭中金朝士人的诗歌。虽然我们知道其他形式的学术——比如史学——也是《中州集》中一些士人的追求，[68] 但由于《中州集》的缘故，他们为后世所知的身份主要是诗人。相较而言，对于后《中州集》时代的士人来说，虽然文学依然是一项重要事业，但他们的传世著作却呈现出更大的多样性，涉及历史、地理、宗教和哲学等一系列领域。而能够说明士人文化更加多元化这一新趋向的最好代表就是杨奂（1186—1255）。

杨奂：关于历史和政治参与

由于杨奂文集有部分流传至今，加上陈学霖（Chan Hok-lam）的英语著作中对他生平的详细记述，我们对杨奂生活和思想的了解要比《中州集》诗人们更多。[69] 杨奂在四十岁之后游历甚广，在河南生活了很多年，仅仅在去世前两年才回到关中，但他仍然与关中保有很强的地方关联。他三个女儿中的两位嫁给了关中本地人，[70] 并且他在关中时期吸引、教授了很多学生。他在当时被视作关中最著名的学者，以"关西夫子"的称号而广为人知。[71]

杨奂的家族宣称他们是隋朝皇室的后裔，并且杨奂之前二十代中每一位先祖的姓名都可以追溯。但自五代以来，杨氏变得相对低微。

---

[68] 比如说，萧贡为《史记》所作注一百卷，但已经不存。

[69] Chan Hok-lam, "Yang Huan（1186—1244），" 收入 Rachewiltz 等人编 *In the Service of the Khan*，第 195-207 页。

[70] 杨奂的第三个女儿嫁给了姚燧，他的家起源于今天的辽宁但是到他那时候已经住在洛阳。他在许衡在长安期间成为许的学生；见《元史》，174.4057-4058。

[71] 元好问《故河南路征收课税所长官兼籍防史杨公神道之碑》，收入《遗山集》，23.1a-9a。"关西夫子"最初是用于尊称后汉杨震（卒于 124 年）。杨震因为以"天知，地知，我知，子知——何谓无知者？"而拒绝贿赂出名（范晔《后汉书》，54.1759-1768）。

在 12 世纪 50 年代末 60 年代初，杨奂的祖父从关中中部乾州的奉天县搬到了乾州以南的某地。[72] 杨奂的父亲杨振（1153—1215）在二十岁时就成为当地政府的吏员并赢得了正直的名声。据说他很好学，尤其 99 喜欢东汉哲学家王符（约 85—约 162）的著作。他幼年就手抄经典和注疏。我们知道杨奂后来表现出对"古文"的喜爱，而杨振对儿子想以古文为手段与同辈人竞争提出了警诫。他坚持杨奂如果要学诗，应该学毛诗和唐代的伟大诗人杜甫（712—770）。[73]

从这段生平记述来看，杨振是一位尝试像士人一样作为的吏员，这一举动在北宋会更容易理解，但在金朝也并不稀奇。[74] 事实上，在 1206 年和 1221 年两次科举考试失败后，杨奂的朋友鼓励他去参加拔补成为吏员，因为他们认为属吏的前景是士子所羡慕的。但是杨奂没有听从这一建议，理由是他的母亲以吏员为耻。北方的程朱道学支持者、杨奂母亲传记的作者赵复（约 1206—约 1299）甚至说杨奂之所以能成为蒙古新政权下首位为官的进士——杨奂在 1237 至 1238 年北方重启科举的时候通过了进士考试——他的母亲发挥了至关重要的作用。[75]

因此，杨奂的经历揭示了"士"的意义及这一社会地位所附带的价值正在经历变化。由于已经无法仅仅依靠官职来支撑士人的身份。 100 "学术"因此走到了前台，但还有一个问题：在当时人们的心中，什么样的"学术"最能够界定"士"？

包弼德指出，12 世纪 90 年代金朝士人文化的复兴更多是文学型

---

[72] 元好问《杨公神道之碑》，收入《遗山集》，23.1a-9a；元氏著《萧轩杨公墓碑》，收入《还山遗稿》，《附录》，2a-4b。第二篇神道碑的对象是杨奂之父杨振。这一篇也收入了元好问的文集，但有很多缺字和错误。陈学霖表示杨奂是一位在唐代初年定居于奉天某个村子的富裕农民的二十代后人，并且杨奂这一支在其曾祖那一代迁移到乾州以南。他在此处误读了原文。参见 Chan "Yang Huan（1186—1244），"收入 de Rachewiltz et al., *In the Service of the Khan*。

[73] 元好问《萧轩杨公墓碑》，收入《还山遗稿》，附录，2a-3a。

[74] 在金朝士人和吏员之间的差距比宋朝时要小得多，因为"流外"吏人进入"流内"及正常官员秩序的途径被重新打开，而这在宋时不通。见《金史》52.1158。

[75] 元好问《杨公神道之碑》，收入《遗山集》，23.1a-9a；赵复《程夫人墓碑》，收入《还山遗稿》，附录，4b-8a；Chan Hok-lam，"Yang Huan（1186—1244），"收入 de Rachewiltz et al., *In the Service of the Khan*, 196—197 页。

的而非义理型的。文学创作居于士人之学的中心，并且苏轼仍然是传奇人物。[76] 根据他的传记作家元好问，杨奂为自己是一位多产的作家和有才华的诗人而自豪，这一姿态通常属于文学型而非义理型人物。[77] 然而在杨奂的文集中，有一篇文章猛烈谴责了传奇人物苏轼和其他一些宋代人物，如王安石、黄庭坚（1045—1105）和张商英（1043—1121）等人落入异端之学。[78] 根据程朱理学思想家赵复为杨奂文集所写的序，杨奂在"回归"六经之前，曾从事对《庄子》，《楚辞》以及司马迁（前135—87年）和班固（32—92）史学著作的研究。他还辨析过韩愈、苏轼之学的"纯"与"疵"。[79] 杨奂对朱熹的《家礼》和《中庸或问》也很熟悉。[80]

在这一方面，杨奂的确呈现出与道学的关联，然而，由于他的绝大多数著作已佚，无法确认他是否算得上道学人士。[81] 但可以确定的是，道学在当时是士人文化的一部分，并且杨奂积极地参与其中。此外，在杨奂及与他相关联的人的著作中，我们可以看到义理、文学及历史的融合。赵复是一位坚定的程朱理学思想家，元好问是文学家，王鹗（1190—1273）曾经向忽必烈推荐杨奂去参与金朝正史的修撰。虽然杨奂并未参与，但此次推荐很可能导致了忽必烈在1252年对杨奂的召见。[82]

因此，在杨奂的同代人看来，他是一位广泛涉猎士人学术的人，并且我相信这也是他想要呈现的形象。然而史学大概占据了他学术的

---

[76] Bol, "Seeking Common Ground"；包氏著 "Chao Ping-wen（1159—1232）：Foundations for Literati Learning,"收入田浩和 West, *China Under Jurchen Rule*, 第 115—144 页。

[77] 元好问《杨公神道之碑》，收入《遗山集》，23.1a—9a。

[78] 这篇文章标题是"李状元事略"，是给李俊民（1200年进士）所写的简短传记。但是在这篇文章的末尾有三个字"孟子笺"，表明这是从《孟子》注中选出的。我们现在无法确定《孟子笺》是李俊民还是杨奂的著作。无论如何，这表明杨奂对苏轼所视并不甚高；见《还山遗稿》，1.11a—12b。

[79] 赵复《杨紫阳文集序》，收入苏天爵《国朝文类》，32.11a—13a。

[80] 杨奂《与姚公茂书》，《还山遗稿》，1.11a—12b。

[81] Chan Hok-lam 提到杨奂也给四书作注，但我在他的著述中没有找到任何提及此事之处；见 Chan Hok-lam, "Yang Huan（1186—1244），"收入 de Rachewiltz et al., *In the Service of the Khan*, 第 204 页。

[82] 苏天爵《元名臣事略》，四库全书，13.1a—6a. Chan Hok-lam, "Yang Huan（1186—1244），"收入 de Rachewiltz et al., *In the Service of the Khan*, 第 203 页。

最大比重。他的一部主要史学著作中是三十卷的《近鉴》。此书应当是记载金朝末代皇帝哀宗(1224—1234 年在位),不幸已佚。[83] 从标题看,这大概与司马光(1019—1086)的《资治通鉴》意图相近,即想要以历史作为当下政府的指导和借鉴。

但杨奂必定不会是司马光的崇拜者。据说与司马光的观点相比,他更倾向于朱熹对王朝合法性的看法。他对司马光的轻视清楚地表达在下面这首诗中:

> 欲起温公问书法,武侯入寇寇谁家? [84]

杨奂显然认为司马光把三国的政治正统赋予魏国而非蜀国是不对的。据说他曾想要写一部书来反驳司马光,但读了朱熹的《通鉴纲目》后他最终放弃了。[85] 但我们知道他的确完成了一部六十卷(显然他在死亡逼近之前曾想要扩展为一百二十卷)[86] 的著作名为《正统书》或《正统八例》。不幸此书已佚,仅有序文留存。在序中杨奂列出了描述和评价每位统治者——而非某个朝代——获得与失去权力的标准。[87] 他相信这些衡量原则是符合上古圣人所设立的标准的。他也极其自信自己所作的历史判断代表了正确的观点,以至于当有人试图指出其中的错误时,他拒绝加入讨论,因为他相信自己的观点会被后人认同。[88]

正如陈学霖所观察到的,杨奂的著作"驳斥了当时盛行的为武力夺取政权正名的观点"并且"批判了对宗族归属和地域占领是构建王

102

---

[83] 元好问《杨公神道之碑》,《遗山集》,23.1a—9a。苏天爵(《元名臣事略》,13.5a)却说杨奂有一部三卷著作《近鉴》,写了哀宗治下的最后三年。

[84] (原诗末尾注出自《辍耕录》)杨奂,《读通鉴》,《还山遗稿》2.10a。

[85] 见陶宗仪《南村辍耕录》,第 291 页。

[86] 杨奂在一篇写于 1254 年——他去世前一年——的文章中提及这一雄心;见杨奂《臂僮记》,《还山遗稿》,1.1a—2a。

[87] 这八项标准是得、传、衰、复、与、陷、绝,以及获得人心的"归"(杨奂《正统八例总序》,收入《还山遗稿》,1.7b-11a)。

[88] 元好问《杨公神道之碑》,收入《遗山集》,23.1a—9a。

朝合法性的先决条件的过度强调"。[89] 因此杨奂使用的标杆本质上是道德的:"德之不刚,君道失矣"。[90] 接着杨奂还表示,如果前代学者的观点与这一原则相符,他会收入书中;不符合的那些他将丢弃并以自己的观点取而代之。他坚称自己并非试图无中生有或有意唱反调,而是因为如果不这样做,得失无法彰显,善恶无法区分,而"劝戒"将无法显明。最后,杨奂认为《正统八例》可以为那些有志参与治国的人提供"敦道义之本,塞功利之源"的指导。[91] 因此,对杨奂来说,写史的目的基本上是为政府提供以道德准则改变世界的指南。道德因此是政府善治的结果,历史也并非外于治国之道的独立学问。简言之,对杨奂来说,历史是传达执政之道的媒介。

杨奂还有一部关于历史地理的著作——《山陵杂记》,一部关于过往朝代的皇陵的位置和历史的杂集。[92] 除此以外,杨奂还写了一篇关于金朝的前皇宫和一篇关于山东孔庙的文章。[93] 这些著作为后代读者提供了关于皇家建筑和朝廷礼仪的珍贵信息。但就我们所知,杨奂没有留下任何关于关中历史的著作,并且从他的传记来看,他好像从未写过此类作品。似乎"当时最著名的关中士人"的声誉对他的写作毫无影响。杨奂首先是一位全国性的人物;他与关中的深厚联系并未激发他将视线从帝国移开,转而关注地方。

在杨奂看来,在帝国之外不仅历史不存在,通常被认为带有"出世"色彩的道教也同样如此。作为全真教的诞生地及大本营所在地,关中见证了全真教在其黄金时期的兴盛与壮观。1160 到 1260 年间修建的全真教道观,绝大多数位于关中。[94] 像杨奂这样的著名关中士人不仅在写作中提供了关于全真教的宝贵信息,也积极参与了对全真文化的界定。这些士人在著作中着力强调的一个显著特点就是全真教的

---

[89] Chan Hok-lam, "Yang Huan (1186—1244)," 收入 de Rachewiltz et al., *In the Service of the Khan*, 205−206 页。

[90] 杨奂《正统八例总序》,收入《还山遗稿》,1.8b。

[91] 同上,1.10b−11a。

[92] 这部作品保存在陶宗仪的《说郛》中。

[93] 杨奂《汴故宫记》《东游记》,收入《还山遗稿》,1.2a−4a, 12b−20a。

[94] 郑素春《全真教与大蒙古国帝室》,第 114−141 页。

儒家特征。例如,杨奂在为全真道人于志道(1167—1251)作传时,他尝试在儒家语境下定义于志道的活动。他将全真道的传统与孔子关于贤人独居的"辟世辟地之训"[95]及正史"隐逸逸民之传"中的归隐原则联系起来。虽然杨奂认可于志道的道士身份,但他仍然选择强调于志道学说和实践中的儒家面向。他告诉我们,于志道在与人接触时只宣讲"正心诚意"——出自《大学》——并且他仅与经过挑选的极少数人谈论道家的修行之法。[96]

由此,杨奂试图将于志道描绘成一个代表了儒家和全真理念的人。对全真教来说,像这样不同传统的融合并不陌生,它试图融合"三教"(儒、释、道)的尝试早就为人们注意。[97]但是杨奂在选择强调于志道的"儒家"特质时,他想向读者传达什么信息呢?

虽然杨奂以"出世"的传统来为于志道的传记开篇,但却注明于志道原先与真正的隐士相去甚远。于志道曾反复拒绝朝廷的招纳,但正如藏于深山的珍宝,一旦被发现就无法再保持低调,便一再被征召去安抚战死兵士的亡灵或是举行祈雨、灭蝗的仪式。最终,金朝和元朝都赐予他头衔并任命他为数个道观的掌教。他与两朝的很多高官都交好——杨奂将这些人的名字一一列出。[98]杨奂强调了于志道生活中"儒"的方面并希望为他最终的"入世"提供合理解释。文中所引用的孔子言论都经过精心挑选,用以强调"出世"这一抉择值得尊敬——尤其是在混乱失序的时代,但那不是最佳解决办法,因为孔子本人自然是看待入世高过避世的。"出世"仅仅在带有政治参与意义时才有价值;即使道士也可以入世。因此,于志道与金元两朝的紧密关系受到杨奂的大力赞扬。杨奂当然并不是认为于志道曾经侍奉过金朝就应该在金朝陷落后出世。在他看来,任何存在于"官方"领域之外的"非官方"空间都不会有价值——即使是由道家的"出世"理论所创造

104

105

---

[95] 此处杨奂引用了《论语》14.37 的这一段:"贤者辟世,其次辟地,其次辟色,其次辟言。"

[96] 杨奂《洞真真人于先生碑》,收入《还山遗稿》,1.21a—24b。

[97] Yao Tao-chung, "Ch'üan-chen," 第 89—102 页。

[98] 杨奂《洞真真人于先生碑》,收入《还山遗稿》,1.21a—23b。

的空间。

李庭：关于文和政治参与

另一位深深为全真道着迷的关中学者是李庭（1199—1282）。出身蒲城[99]的他正好在金朝覆亡之前通过了进士考试。他在蒙古入侵期间曾短期离开关中，但在和平重建以后回归，在那之后一直活跃于关中士人圈。

李庭传记的作者只能将李家的历史追溯到其父——该郡的法曹（法律部门的官员）。据说李庭年幼时他父亲要送他去学律法，但李庭回答"申商之法，岂能加于周孔之道！学儒不愈乎？"他的父亲大感惊奇，便精心挑选了先生来教导其子。[100]

因此，李庭自诩为儒士。但他所谓的"儒"与道学的含义完全不同，而正如我们随后将看到的，后者在李庭的时代正逐渐在关中扎根。根据他的传记作家，李庭通过文章扬名，但也投身"性理之学"，因此他得以在语言和行动两方面都完美无瑕。[101]

虽然说李庭确实对性理之学颇有兴趣，但他对此概念的理解与道学家不同。我们将会看到，李庭理解的性理之学带有很强的道家色彩。但在此之前，让我们先将目光锁定在他对文章的看法。

李庭从未见过前面谈论到的《中州集》诗人、大约早他两代的张建，但他却因和张建来自同一地区而感到某种亲切。在为张建文集所作的序中，李庭回忆了他从长辈处听说的张建的所作所为。李庭认同张建是因其文辞而为世所知，但仅仅这么说对张建并不公平，因为他也是一位致力于具体行动和实际事务（"践履笃实"）的人。如果朝廷更早知晓他，他将会有无与伦比的成就。不幸的是事实与此相悖，张建的治国之才白白浪费。但张建并非孤例。李庭抱怨说自从乡举里选

106

---

[99] 李庭被他的传记作者认定为奉先人；见王博文《故谘议李公墓碣铭并序》，收入《寓庵集》，8.93a。奉先是蒲城在唐和五代时的名字（吴镇烽《陕西地理沿革》，第415页）。

[100] 王博文《故谘议李公墓碣铭并序》，收入《寓庵集》，8.93a–b。

[101] 同上，8.94b。

系统被科举制度代替,有很多像张建这样的人身负才华却终陷于无闻。他们别无选择,只得转向文学:

> 文词,君子之余事。古之人癯形苦心读书,以学圣人之道,其志盖本于辅时泽物、见诸事业而已。惟不达而穷,奇才逸气,噤无所施,往往自肆于山巅峰水涯,友云松而狎鱼鸟,至触境感物,发于啸歌讴吟,以写其湮郁不平之心。[102]

李庭接着说,这就是像屈原、陈子昂、李白和杜甫那样的伟大诗人为后人铭记的原因:他们的治国之才不被认可,只能通过杰出的作品来表达他们的郁积之情并以此深深打动读者。在这个意义上,文学作品确实有价值,但李庭主张这个价值并非单由文学质量决定。一篇好的文章应该能使后代读者欣赏并铭记作者的政治抱负。因此,一个人因无法在治国方面有所作为而擅长为文这并不值得庆贺,而应当扼腕叹息。 107

在为另一位作者的文集所作的序中,李庭用基本相同的语言表达了同一观点。[103] 我认为李庭事实上说的是自己。纵观其一生,李庭只在州郡议事官和教授等职位上任职。他的传记作家强调说李庭没有机会施展他的治国辅君之才,但是仍然坚持致力于学问并一直向道。[104] 如果有选择,李庭必定会成为政治家而非"文人"。在一篇纪念解仲杰书斋建成的记文中,李庭对解仲杰有志成为像陶渊明一样的隐士表示了赞许,但仍然建议他抓住机会出仕。李庭表示机会已经来了,因为当时皇帝正在全国各地搜寻贤才。[105] 在另一篇文章中,李庭甚至谴责著名医生盖良臣,因为盖良臣请他题写新近购买的一幅归隐主题的画。盖良臣的医术深受皇帝赏识,然而他却有意追寻隐士足迹。李庭大声疾呼说这是不对的,因为人只有在得不到赏识时才应该不仕而

---

[102] 李庭《兰泉先生文集序》,收入《寓庵集》,4.34a。
[103] 同上,4.35a-b。
[104] 王博文《故谘议李公墓碣铭并序》,收入《寓庵集》,8.94b。
[105] 李庭《景陶轩记》,《寓庵集》,5.45a-46a。

退，否则他就要担"洁身乱伦"之责。[106]

君子最重要的事业是出仕；只有在没有机会的时候才应该转向其他活动，例如写诗或退隐。李庭在一定程度上为士人构想了官僚系统之外的另一空间，并且在某种意义上来说，他正是关中这一空间的领袖人物，[107] 但是他赋予这一空间的价值微乎其微。李庭显然深深植根于当地，他绝大部分著述都是关于关中的事实可以引以为证。比起科举系统，他对更有利于地方精英的乡举里选系统的偏好更加证明了他的倾向。然而他的"地方性"从未转化为对士人"非官方"空间的正面认知。在无官职的情况下，他仍能在当地保持很高社会地位的能力丝毫没有减少他对做官的强调。对李庭来说，官职是终极奖赏，因此他并未把主要由无官职精英维护的空间视作必要，即使这一空间毫无疑问地存在着。

正如我前面指出的，李庭深深为道家的世界观所吸引，在传统意义上，这是激发那些被"出世"之说吸引的学者的灵感源泉。因此，李庭对在官僚系统以外保留士人空间这一思想的兴味索然大概会令人惊讶。但如果我们仔细考察李庭对道家理想的解读，尤其是通过他那些涉及全真教人物的著述，就能看出他关于退隐的观点是强烈政治化的。

首先，尽管李庭自视为儒者，他却坚信对儒家和道家学说可以相互补充。事实上，他宣称古代的智者曾把儒家和道家的理念视为一体。在李庭看来，虽然《老子》遵循清静无为之理、推崇慈俭不争之行，它也完全支持自我修养和为政之道。李庭因此对当时儒、道人士视彼此为陌路表达了惋惜。[108]

对李庭来说，成为道士并不妨碍人们参与朝廷之事。当收到为一座翻新的全真道观写记文的请求时，他以此为契机赞颂了李志远（卒于 1254 年）——全真教的第四代掌教真人——在元朝频繁获得朝廷的

---

[106] 李庭《林泉归隐图序》，《寓庵集》4.37a–38a。

[107] 根据李庭的一首诗，他正是"长安耆年图二十二老"之一（《长安耆年图二十二人到今零落殆尽惟予独存感叹之余因题是诗》，收入《寓庵集》，2.25a–b.）。

[108] 李庭《寓庵集解序》，《寓庵集》，4.42a–b。

支持眷顾。在金朝灭亡之前，李志远被汴梁太乙宫的提点请去接任该职，但因他知道金的统治已近末路而拒绝了。1235 年，蒙古完全掌控了陕西，李志远被任命掌管陕西的道教事务。从那以后，皇家授予了他很多头衔。[109]

李庭对这位全真教真人生平的记述表明，他相信应该鼓励道士参与政治。在为一部朝廷关于重阳宫的诏令的碑刻集所写的序文中，他甚至强调朝廷的认可是巨大的荣誉。[110] 又一次，政治参与及获得朝廷认可的重要性超过了其他一切。

骆天骧与地方志

正如前面提到的，杨奂对于历史很感兴趣，但他并未写过任何与关中历史有关的著作。也没有证据表明在 13 世纪的大部分时间里，其他关中士人进行了这样的事业。直到 1300 年左右，当地一位叫骆天骧（约 1223—约 1300）的学者才出版了一部地方志类的著作《类编长安志》。

虽然关于关中的著作中有几部可以归入"历史地理"类，[111] 但符合我们所知的"方志"模式的只有到宋代才出现。事实上，中国最早的方志类著作之一就是由北宋士大夫宋敏求（1019—1079）所作的《长安志》。[112] 但宋敏求并非关中人，并且从未在关中为官。他是否到访过关中也存疑。据他的传记，宋敏求是出于长安曾是多个朝代的都城而写编纂这部方志的。对他来说，这一工程有全国性的意义。出于同样原因，宋敏求为北宋都城汴京、东京西京的所在地河南也编过方志。[113]

许久之后，元朝山东东明人李好文（1321 年进士）在担任陕西行

---

[109] 李庭《兴平县重修仙林宫记》，收入《寓庵集》，5.47b-49a。

[110] 李庭《重阳诏旨碑序》，收入《寓庵集》，4.40a-b。

[111] 高峰《陕西方志考》，第 2-4 页。

[112] 宋敏求此书中长安的边界包含了整个关中，这一点对本节讨论的其他著作也同样适用。

[113] 苏颂《龙图阁直学士修国史宋公神道碑》，收入氏著《苏魏公文集》，第 771-779 页。

御史台期间于 1344 年修了一部方志类著作。这部题为《长安志图》的
方志通常与宋敏求的《长安志》放入同一册书中出版。正如标题所显
示的，这部书将地图和文本看得同样重要。并且李好文在这部三卷的
书中，将整个第三卷用以记载关于水利灌溉和国有土地的主题。因此，
这部书不仅事关长安历史和文化，同时也是事关为政之术的工程。[114]

　　南宋时期，安徽徽州人程大昌（1123—1195）完成了另一部关于
关中的著作《雍录》。但到程大昌的时代，关中已经在女真人掌控之
中。此书第五章的整个章节完全用于细描汉、唐的军事远征，这使得
后世读者推测说程大昌"隐寓经略西北之意。"[115] 程大昌在写这部书
时是否真有此念我们并不清楚。[116] 但是显然程大昌和宋敏求一样，作
为一个非生于兹也从未去过关中的作者，并不是从本土角度来写《雍
录》的。对他最重要的，是整个国家的过往。

　　与这三位作者相比，骆天骧是关中本地人。事实上，《类编长
安志》是我们所知的首部由关中人编纂的关中志。根据骆天骧的同
代人王利用（生卒年不详）所作的序，骆天骧来自长安的一个"故
家"。[117] 这一评论大概旨在暗示骆家是一个根基深远的士人家族。但
究竟有多"古老"我们却不知道；也没有任何在骆天骧之前或之后的
关于此家族的信息。据骆天骧自述：

111
　　　　仆家本长安，幼从乡先生游。兵后关中前进士、硕儒、故老犹
　　　存百人，为士林义契耆年。文会讲道之暇，远游樊川、韦、杜，近
　　　则雁塔、龙池。其周、秦、汉、唐遗址，无不登览。或谈故事、或
　　　诵诗文。仆每从行，故得耳闻目睹，每有阙疑，再三请问。[118]

---

[114] 宋敏求等《长安志》。

[115] 见纪昀等《四库全书总目提要》，70.14。

[116] 程大昌确实有一部著作叫《北边备对》，在其中他建议君王采取一系列对抗金人的
　　　攻守策略。但是他似乎也对地理和历史研究怀有真正兴趣，因为他也完成了《考古编》
　　　《禹贡论》《山川地理图》等著作。

[117] 骆天骧《类编长安志》，王利用序，第 4 页。

[118] 同上，骆天骧引，第 1—2 页。

由于骆天骧对长安很熟悉，1273 年，为了给安西王府选址，王相兼营司大使赵炳（1222—1280）请骆天骧陪他游历长安。骆天骧得以走访长安更多遗迹旧址，熟悉它们的历史，但当他转向当时已有的记载时，却嫌其散乱。因此，他感到有必要编纂一部读者无须真正去长安，便可以"览"长安遗迹、了解其历史的新志。[119] 这一主旨在王利用和贾铖的序中也得到呼应。[120] 也就是说，虽然骆天骧在序中提到了赵炳和王府，这部《类编长安志》与政府却毫无关系。对于作者和读者来说，这都不过是一部被称作"神游者"的导游书。当然，骆天骧所期待的读者是对长安历史有兴趣的士人。当他在为某地或某建筑写条目时，他会大量引用历史材料和诗歌。这些地点和建筑由此在士人文化的语境下获得意义。在某种意义上，骆天骧编写《类编长安志》的目标与《舆地纪胜》的作者王象之（1196 年进士）相似。正如包弼德所解释的，王象之的书是他作为士人而非官员为士人而写的。那并非用于讨论治国之道，而是作为士人的参考书，使他们能够"想见（envision）一个地方——至少知道其名字、知道谁已经写过——并且能够把这一知识融入他们自己的著述中。"[121]

但骆天骧有所筛选。通过《类编长安志》的结构，他告诉他的读者们——士人们——他认为让长安之所以有趣的地方。这部书分为十卷：

1. 杂著、管治郡县
2. 京城、宫殿室庭
3. 圜丘郊社、明堂辟庸、花园池台、馆阁楼观
4. 堂宅亭园
5. 寺院
6. 山水（川谷、泉渠、陂泽、潭泊）
7. 桥、（渡、原、丘）关、塞、镇、聚、（堡、寨）驿、坡、坂、堆、（堰）、城、阙、古迹

112

---

[119] 同上，第 2 页。
[120] 同上，第 3 页。
[121] 包弼德 "The Rise of Local History," 第 59 页。

8. 山陵冢墓、纪异、辨惑、数目故事

9. 胜游

10. 石刻

从某种意义上说，《类编长安志》的结构是由关中历史决定的。与其他很多地区不同，关中可以将帝国的往昔作为当地的过去。因此任何一个为长安写史的人几乎都会自动地从详细记录皇家建筑开始。但同时，骆天骧通过强调长安背负整个国家的过往来提升地方文化的投入，却导致他忽视了地方传统中非国家的组成部分。例如，骆天骧《类编长安志》和王象之《舆地纪胜》的比较可以揭示出二者的重要差异：《舆地纪胜》中的徽州一章有单独一部分叫"人物"，关于当地著名人士的，大部分是宋人，且与大部分记录唐代官员的"官吏"部分是分开的；[122] 然而在《类编长安志》第一卷的"杂著"部分下有一个小类叫"京兆尹"，其中仅仅列出了到唐代为止的官员名字。没有任何能够与《舆地纪胜》中"人物"一节相对等的部分。事实上，骆天骧除了在追溯官僚机构历史沿革的第一卷，以及关于石刻的最后一卷之外，极少提及唐代以后的人物事件。[123] 即使所载大约三分之一石刻都属宋代以后的最后一卷中，骆天骧也是以强调长安是很多朝代都城开头的。[124] 好像唐代以后的时期与长安历史无甚关联。

在其他地区的方志中极其常见的"人物"部分，在《类编长安志》中却缺席了，这显示了在骆天骧的构想中，当地精英实质上不存在。[125] 长安非常重要，并且当地人为之骄傲正是因为它曾经是帝国的中心。这一地域当下的荣耀完全依赖于它过去全国性的显要。换句话说，骆天骧重视的地方过往其实是国家的过往。在这一意义上，骆天

[122] 同时，第 56–57 页。

[123] 根据我的统计，《类编长安志》中包括各类建筑、河流、山川、峡谷当地的关于自然和人造风景的数千条记载中，仅有不到十分之一涉及唐代以后的事件和人物。

[124] 根据骆天骧单独为此卷所写的序（《类编长安志》，第 301–323 页），本卷原本是要作为《类编长安志》附录的。骆天骧多加一卷是因为他非常喜欢收集前人的书法篆刻。此卷包括 98 则来自唐代以及更早的条目，以及 43 则关于宋到元的条目。

[125] 提及的少数几位唐代以后的历史人物绝大部分是来自关中以外的高官和著名士人。也就是说，他们都是全国性的人物。

襄与宋敏求并没有太大差别，宋敏求因为长安曾经对整个国家的重要性而为之修志；这大概也解释了骆天骧为什么大量引用宋敏求《长安志》：除了此书是当时可见的长安志中最为完备的一部之外，很大程度上是因为骆天骧分享了宋敏求的全国性视角。

任何想要仅仅依赖《类编长安志》来了解长安地区历史的人都不会知道，长安还曾经是由张载引领的一个兴盛学派的故乡。此书也没有只言片语涉及道学运动，虽然这在骆天骧的时代，那已经成为关中士人文化的重要组成。

114

道学的兴衰，1250—1368

虽然随着朱熹及其他著名人物的出现，道学运动在南宋达到顶峰，道学在北方的命运却极其晦暗。传统观点认为直到赵复在经历了蒙古人俘虏、被姚枢（1203—1280）救出后在金朝首都教授学生，并于1235年将南宋重要道学家的著作传到北方之后，北方人才得知南宋道学。[126] 但正如田浩极具说服力的研究向我们呈现的，金朝士人不仅在1235年以前就已意识到道学运动的潮流，而且在他们之中早已开展了关于此运动的有趣讨论。[127]

然而，传统观点也有其长处。正如陈荣捷指出的，即使赵复并非将道学引入北方的第一人，他也的确为道学得以广泛流传发挥了至关重要的作用：他说服北方思想家中的领军人物接受朱熹学说。[128] 在赵复以前，道学作为整体在北方无足轻重，因此追问是否有独立学派存在是无意义的。晚明关中的大思想家和历史学家冯从吾（1556—1627）只能确认这一时期有杨天德（1180—1258）和杨奂表现出对道学的兴

---

[126]《元史》，189.4313-4315。

[127] Tillman, "Confucianism under the Chin and the Impact of Sung Confucian Tao-hsueh," in dem and West, *China Under Jurchen Rule*, 71–114 页．

[128] 陈荣捷 "Chu Hsi and Yuan Neo-Confucianism," in de Bary and Chan, *Yuan Thought*, 197–231 页。

趣，而这两位都非金朝早期之人。[129] 在二杨之前，道学对于关中士人
文化的影响极微小，因此我们只能从他二人身上开始我们的探寻。如
上所述，我认为很难将杨奂定义为一个道学人物，因为他对道学的态
度最多算是暧昧不清。相较而言，杨天德却可以说是热情洋溢的。

据载，杨天德出生在世代务农的家庭。他的祖先迁居数地后最终
定居于关中中部的高陵。他有两段婚姻，但关于第一位夫人我们除了
姓氏为寇之外一无所知。第二位夫人是朝廷高官、京兆人（今西安）
孙通祥之女。杨天德还将一个女儿嫁给了来自距高陵不出二十公里的
三原的某位郭孝廉。因此，即使在离开家乡以后他与关中的联系也非
常紧密。他从太学毕业并于 1218 年获进士学位，之后出任几个地方职
位，包括长安簿。后来在京城，任尚书都省掾和转运司度支判官。都
城沦陷于蒙军之后，他客居北方约十年后，最终回到长安。[130]

对于杨天德的思想我们所知甚少，仅有他在晚年才开始阅读宋
朝道学家的著作的传说。当时他已几乎失明，但他唤其子杨恭懿
（1225—1294）日夜为他朗读文章时，他大喜过望，因为得以"闻道"
而终于能够死而无憾了。[131]

杨恭懿将要继承父志。他在十七岁时陪伴杨天德回到关中。据说
他们家境艰苦，没有田产可赖以为生。但杨恭懿拒绝接受邻居的援
助，并靠自己的劳动维持生计，他从事何业并不清楚。[132] 虽然贫困，
他仍然广泛阅读，并在当地士人中逐渐扬名。据说他看不起"章句
儒"，而精于史学和为政之学。然而，当二十四岁读到朱熹的著作时，
他才觉得找到了通向真知、得其道的门径。父母去世后，杨恭懿遵循
礼制完成了丧葬，而且摒弃了佛教之习。史料告诉我们，正是杨恭懿
教给关中人士合于礼制的丧仪。[133]

1254 年，杨恭懿在关中见到了许衡，此时许衡被忽必烈任命为京

---

[129]《关学编》，第 16–19 页。

[130] 许衡《南京转运司支度判官杨公墓志铭》，收入苏天爵《国朝文类》，51.10a–12a。

[131] 同上。

[132] 姚燧《领太史院事杨公神道碑》，收入《牧庵集》，18.225–229。

[133] 同上，18.225–229。

兆提学。他非常敬佩杨恭懿，二人合力在关中推行道学。许衡后来向朝廷推荐了杨恭懿。当杨恭懿于 1274 年到达元大都时，他最初的提案之一——很符合一位坚定的道学家的作风——重新建立科举考试系统，就强调对四书五经知识的考察而非文学技巧。[134]

　　杨恭懿的著作没有留存，但从其他人的评价来判断，他是北方道学运动的标志人物。的确，为杨恭懿墓撰写碑铭的萧𣂕（1241—1318）就评价杨恭懿和许衡为真正能够实践和传承朱熹之学的仅有的两位北方人。[135] 有趣的是，当萧𣂕在此碑铭中谈及朱熹是如何集北宋伟大的道学家思想之大成时，他仅仅提到周敦颐和二程兄弟；张载被排除在外。因此，萧𣂕对杨恭懿的评价是以他在程朱理学谱系中的位置为基准的；没有任何信息暗示杨恭懿有可能曾对张载学说发生兴趣。[136]

　　萧𣂕也是关中人，并且他本人是杨恭懿之后一辈人中大名鼎鼎的学者。他的家族源自山东益都，在元朝初年定居长安。萧𣂕作为一名吏员开启了仕宦生涯，但他很快放弃了，据他的传记作者所说，这是由于他认为郡佐——一位中亚色目人——待他缺乏尊重。放弃吏职后，萧𣂕转向了道学。[137] 他与出任陕西的显要官员相熟识，并几次被荐于朝廷。然而他因自己所学未臻完善而屡次拒绝延请。当他最终被“征”拜出任国子祭酒时，他以年老为由推辞了。当有人问他为何放弃这个教导天下英才的机会，萧𣂕回答他曾经向朝廷建议如果朝廷真想要教养贵族子弟，则需要废除国子学每年凭文章选拔学生的岁贡制度，而推行许衡提出的源于道学专于教养的制度。萧𣂕坚信学生由此能够免于追求利禄而真正投身于学。但这一提议激起了各种批判，其他人认为行不通。因此萧𣂕认定在这样一个时代出仕毫无益处。[138] 萧𣂕的控诉的要义不尽明了，但他提及许衡很可能意味着他对学校课程

117

---

[134] 同上。

[135] 这篇墓铭已佚；他在姚燧所写的神道碑文中被引用，《领太史院事杨公神道碑》，收入《牧庵集》，18.228。

[136] 同上，18.225–229。

[137] 苏天爵《萧贞敏公墓志铭》，收入《滋溪文稿》，8.114–121。

[138] 同上。

中缺乏道学内容的不满。[139] 因此，当 1313 年带有浓重道学色彩的科举考试恢复时，萧㪺接受考官之职就没什么令人惊讶的了。[140]

　　萧㪺并不是这一时期极具影响力的关中人物中唯一拒绝出仕的。同恕（1254—1331）也来自奉元，但与萧㪺不同，他出生在很有声望的士人家族。据说在他祖父一辈，同家宗族就有超过两百人一同居住。在很小的时候同恕就在治学方面表现杰出，且随着年龄增长声誉日著。他在三十岁以前就被举为礼部吏员，但他拒绝了。1264 年，他被举荐去修忽必烈朝实录。这一次他接受了辟举，但完成之后就立即辞职回乡教书。仁宗（1312—1321 年在位）登基后，朝廷开始征纳有德之人，同恕数次被聘为国子司业，他都拒绝了。但 1313 年时，他同意与好朋友萧㪺一起担任考官。1319 年他再次被召入朝为负责辅导太子的左赞善。然而，他在仁宗去世一年后就以身体不佳为由辞官。[141]

　　因此，萧㪺和同恕二人在一生中都有很长一段时间远离朝廷政治而投身于道学的传播。通读二人的文集时，人们一定会注意到他们对道学传统表现出的巨大热情。我将在后文讨论萧㪺写的一篇用道学概念来讨论地震成因的长文。[142] 同恕在许多话题的讨论中都采用了前辈道学思想家的说法。[143] 对他们二人来说，道学是指向真知的唯一途径。因此，一旦朝廷决定了依据道学思想来组织科举制度，他们便毫不犹豫地担起了考官的职责并在写作中对此表达了巨大的喜悦。[144]

　　就这样，道学界定了萧㪺和同恕的公众和私人生活，但是他们所遵循的是道学的何种传统？二人涉及关中相关人事的著述甚丰；包括了书信、各种传记以及杂著。他们在故乡可谓非常活跃，由此我们可

[139] 1270 年，许衡将道学式教育引入了学校系统。（《元史》，81.2029.）。

[140] 苏天爵《肖贞敏公墓志铭》，收入《滋溪文稿》，8.119。

[141] 贾仁《同公行状》；富珠哩翀《同文贞公神道碑并序》，收入《矩庵集》，附录，15.31b—36b。

[142] 萧㪺《地震问答》，收入《勤斋集》，4.14—19b。

[143] 参见，例如《党仲安闷急诗序》，《明善堂记》，《答王茂先经历论丧服书》，《段思温先生墓志铭》；《承务郎西和州同知雷君墓志铭》；和《读考亭遗文》，收入《矩庵集》，2.5a—6b，3.5a—7b，4.4b—5b，6.7a—10b，9.14a—16a，11.2a。

[144] 参见比如萧《送陈耕道序》，收入《勤斋集》，1.6a—7a；以及同恕《送张克礼序》，收入《矩庵集》，2.13a—b。

能会期待他们对地方文化和传统也抱着同样的热情。恰恰相反，他们显然并无意愿发扬一个独特的、地方的道学传统，即使这是一个将会使关中一地更显卓异的办法。萧斆和同恕的著作中引用了一些宋代道学思想家，包括张载和吕大临。但他们并未把这些人视作先行者。也就是说，张载和吕大临是关中人这一事实对萧斆和同恕来说不具备任何特殊意义。他们对待张吕二人与其他道学家无异。元代关中的道学家们通常因与许衡的关联将自己纳入程朱理学传统。萧斆和同恕的传记以及由他们同代人或学生所撰的关于他俩的文章，都从未把他们与任何过去或当时的关中学术传统相连。例如，苏天爵（1294—1352）指出了萧斆和许衡的关联。但唯一一位被他与萧斆联系起来的关中学者就是杨恭懿，而杨恭懿也与许衡密切相关。苏天爵也提到杨萧二人都试图消除佛道实践对葬仪的影响，并推崇严格遵循儒家礼仪。二人的行动对关中的士人家族都发生了深远影响。这意味着杨恭懿和萧斆都有意识地选择了合宜的礼仪，而这正是张载及其学生所强调的。此外，苏天爵还谈到萧斆精于"三礼"和《易经》。[145]正如当代学者指出的，这一点是有可能被解读为萧斆深受张载影响的证明，因为张载之学尤其得益于古礼和《易经》。[146]但苏天爵和萧斆都没有明确表示自己追从张载。事实上，他们著作中没有任何一点表明他们把强调礼仪、精于《易经》视作发源于张载的、特别的关中道学传统的特征。对苏天爵和萧斆来说，这些都是道学，而道学只有一个。在苏天爵为同恕文集所写的序言中，他只提到同恕和当时关中学术及许衡的关联。[147]

我们知道在元代张载是作为地方贤人被铭记的。1295年，他的家乡为他建了一个祠堂，并于1319年翻新。但翻新工程的发动者是地方官而非关中的本土学者。就连为纪念这一工程而被邀请撰写碑铭的学

[145] 苏天爵《萧贞敏公墓志铭》，收入《滋溪文稿》，8.114-121。

[146] 参见例如孙克宽《元代汉文化之活动》，第229-233页。此外，陈俊民（《张载哲学思想及关学学派》43页）认为金元时期的关中学者主要受张载之学的影响，尤其是张对于"崇儒"和"实学"的强调。但正如我上面论证的，这些金元时期的学者从未从关中的独特道学传统的角度来思考；下一章中将论证这一点：所谓张载对金元学者的"的影响"完全是由明代学者构建的。

[147] 苏天爵《太子赞善同公文集序》，收入《滋溪文稿》，5.73-76。同恕的传记参见贾仁《同公行状》；以及富珠哩翀《同文贞公神道碑并序》，收入《矩庵集》，15.808-814。

者也是来自四川遂宁的。在整个过程中，没有任何证据表明有地方精英的参与。[148]1327 年，朝廷下令在张载故乡建立一所书院，并供奉张载于其中。[149] 这再一次显示了与关中士人自身相比，国家在推崇张载方面更加积极主动。

为何会出现这样的现象？我们似乎被诱向这样的结论：因为 1310 年代以后国家认可了程朱学派为正统，这反过来导致士人们将道学视作一个有普遍相关性的整体。由此，将自己归属于特定的学派将变得没有意义。但这并非适用于所有人。正如包弼德对金华新儒家的研究所显示的，即使道学在元朝根基稳固之后，如王袆（1323—1374）这样的元末明初人物仍然持续地推崇同辈金华思想家为金华的地方传统的继承者，例如宋濂（1310—1380）。"第一个（传统）他通过吕祖谦（1137—1181）而上溯至周敦颐和程氏兄弟，第二个则（追溯）至本地生的事功学派学者唐仲友（1131—1188）和陈亮（1143—1194）。[150] 同样，在葛德卫（David Gedalecia）对吴澄（1249—1333）的研究中，他指出虽然吴澄接受朱熹的学说，他对于陆九渊的观点也颇为同情，即使那意味着要反驳朱熹对陆九渊的看法。[151] 葛德卫并没有提到吴澄和陆九渊的地理关系，但他们都是江西抚州人却绝非偶然。[152] 朝廷将程朱理学尊为正宗以及程朱哲学的普遍性诉求并未阻止这些人物认同地方学术传统。我们却没有在关中看到这样的情况。这是南北差异的体现么？或者有什么别的解释？

对"差异"的一种解释是虽然朱熹和陆九渊对于金华学派学者是至关重要的，[153] 但他基本上认同张载，即使认为其重要性远逊于程氏兄弟，却仍将张载视为道学的共同缔造者。因此朱熹和张载间的差异

---

[148] 文礼恺，《横渠祠碑记》，收入《凤翔府志》，10.6a−7b。

[149]《元史》，30：68 0。

[150] Bol, "Neo−Confucianism and Local Society," p.266.

[151] David Gedalecia, "Wu Ch'eng and the Perception of the Classical Heritage in the Yuan," in Langlois, *China Under Mongol Rule*, 第 186−211 页。

[152] 事实上，吴澄（《陆象山语录序》，收入苏天爵《国朝文类》，34b−21a）特别表明因为陆九渊在时间和空间上距他都不远，因此正确传承陆九渊的学说是他的责任。

[153] 关于朱熹对金华学派和陆九渊的批评，见田浩 *Confucian Discourse and Chu Hsi's Ascendancy*。

并未显著到要令关中学者做出区分。然而,我们将在下一章看到,朱熹对于张载的正面评价以及张载学说长期被视作程朱传统的构成这一事实,实际上并未阻止明中期以后的关中学者与程朱学派一起有意识地推崇张载学说。因此,我们必须从别处寻求解释。

另一个可能的解释是许衡的影响。随着金元战争的结束,关中人民有心向学但是没有老师。当得知许衡要来,人们大感欣喜并开始建学。地方风俗由此转变。[154] 在这一记述中,许衡对道学在关中复兴起了至关重要的作用。由于他是一位坚定的程朱派学者,自然程朱道学会在关中兴盛。然而我们仍然会问:是什么使得关中思想家们相信许衡是对的?我将要论证:关中学者是从对何为好的为君之道的关注出发而称颂许衡学说的。正如狄百瑞所呈现的,在道学运动中,"与'士师'们向大众传授的"道统"一起,还有一个献策的附属传统,这由'文臣'提供,旨在帮助在位君王推行道。"[155]

作为"学说"或"帝王之学"(简称"帝学"),这一献策的附属传统"是为了永久延续古代实践过并传承下来的治道。对后代君主来说,这是为了提醒他们应该遵循的榜样。"[156] 在这一传统中,文臣们有责任担任老师的角色并教授统治者应该学习的经验。这些教导通过学者和臣下在"经筵"讲授经典的形式而体制化。[157] 宋代程朱学派的很多领袖人物,包括程颐、朱熹、真德秀(1178—1235)和王应麟都曾担任讲学之官或撰写关于帝学的重要著作。

这一传统在元朝复兴,许衡又一次成为关键人物。他尤其关注统治者如何获得统领帝国的合法性的问题。他相信统治者可以通过展现他兼爱而"得天下心"以及通过爱护人民而"顺承天道"来获得。[158] 对许衡来说,这取决于于统治者是否有愿望和能力遵循《大学》所给出的始于格物、终于平天下的达成自我修养和为政之道的步骤方法。

122

---

[154]《元史》,158.717。

[155] De Bary, *Neo–Confucian Orthodoxy and the Learning of the Mind–and–Heart*, p.28.

[156] 同上。

[157] 同上,第29页。

[158] 许衡《时务五事》,收入氏著《鲁斋遗书》,7.382。

1266 年，他将著名的《时务五事》上给忽必烈，这被认为是为经筵讲座而拟写的。在这篇上书中，他敦促君王以《大学》为统治的指南，并坚称依据《大学》之道，自我修养是治国的基础。[159] 虽然理论上来说每个人——不仅仅是君主——都应该遵循《大学》中安排的修养之法，但《大学》毫无疑问尤其适合作为教授君主治国的正确方法的资源。正由于对《大学》以及它与优秀治国之道关联的强调，程朱理学传统对于像许衡的人尤具吸引力，因为他们相信在确保政府顺利运作、由此使整个社会达到和谐方面，君主的领导扮演了最重要的角色。

相较而言，由于张载哲学是基于《易经》和"气"这一概念，它对于《大学》就较少强调。此外，张载构想的治学的特定内容是研究古礼和研读包含许多治国思想的经典，[160] 他没有提供辅导君主进行自我修养的系统计划。因此，张载学说中为君主献策的方面并不突出；任何希望影响君主作为的人都更可能投向程朱学派，因为后者对于统治和道之间的关系做了精妙阐发。

同恕担任太子师左赞善的时间很短，而萧㪺拥有太子右谕德的头衔。右谕德并不承担任何特定责任，但却要不定期地辅导东宫，虽然萧㪺显然从未履行这一职责。[161] 即使如此，许多人都认为这二位杰出的关中学者是最适于经筵讲经之人，因为他们已得道。显然他们还肩负着辅导帝王及其继承人使他们言行得当的责任。有一次，萧㪺在京城发现了皇帝经常和亲近之人饮酒，他便上呈了一篇出自《尚书》的文章，内容是周公警醒君王嗜酒的危险。[162] 同恕的文集中收有一封给太子的信，建议太子要孝、敬，让贤德之臣聚集在身边。[163] 同代人很可能视许衡为榜样，因为他们相信在朝廷受控于非道学意识形态的时代，许衡仍成功地劝说忽必烈接受了道学的前提；他代表了以道学理想来界定为政及为君之道的成功案例。

---

[159] De Bary, *Neo–Confucian Orthodoxy and the Learning of the Mind–and–Heart*, pp.131-147.

[160] Kasoff, *The Thought of Chang Tsai*, pp.81-84.

[161] 苏天爵《肖贞敏公墓志铭》收入《滋溪文稿》，8.116。

[162] 同上。

[163] 同恕《上储君书》，收入《矩庵集》，4.1。

从这个角度来说,关中学者让人联想到包弼德研究过的金华士人,因为两个群体都拒绝将帝王视作当代圣人,拒绝承认朝廷有任何权威宣称它拥有道统。只有那些和他们一样追寻了道学之路的人才可以享有这一权威。同时,这两个群体又有所不同,虽然金华的儒士们努力保存"道统于婺州,由此可以不落入朝廷手中,"[164]但是关中士人们从未试图从地方的角度去挑战朝廷对道统的占有。对关中学者来说,朝廷失道时,个人——而非一个地方学者共同体,才是道的最重要守护者。也就是说,在关中这个事例中,道统只属于个人。本土学者没有用它来定义地方学术传统,或者创立任何与朝廷对立的"非官方"机构。萧衍的著作最好地体现了在界定道统时地方和"非官方"机构的缺席。

萧衍论个人,社会以及国家

萧衍并不认为他归隐是没有政治意义的。相反,他相信拒绝出仕对国家安宁与发达很关键。以下面这首诗为例:

> 汉兴四海悉来臣,所不能招独四人。
> 平昔若无高仰义,凭谁救得戡彝伦。[165]

诗中的"四人"指商山四皓,他们在秦朝覆亡后退入商山隐居。他们很受汉高祖(前 206—前 195 在位)的尊敬,但拒绝响应他的征召,因为他们觉得高祖不尊敬饱学之士。当高祖决定另立太子时,四皓却因为原太子的仁义而出山相救。由于四皓的介入,高祖决定保留原太子,这就是后来的惠帝(前 194—前 188 年在位)。[166]

显然,萧衍引用这个故事来为自己拒绝出仕正名。与四皓相同,他并非拒绝参与政治,而是试图在失序的时代找到一个保存道的方

---

[164] Bol, "Neo-Confucianism and Local Society," p.266.
[165] 萧衍《四皓图》,收入《勤斋集》,8.18a。
[166] 班固《汉书》,40.2034-2036。

法。时机恰当时，他将会欣然复归救世。也就是说，萧斡相信在道学思想被国家边缘化的时代，他的拒绝出仕恰恰帮助国家保存了道学思想。如果像他一样的有学之士无法守卫"道"，整个世界将无可避免地走向崩塌。萧斡相信，地震是自然界对世界正滑向那个方向的警告；如果人们不能察觉到这一点，更加严峻的灾难会跟随而来。

1303 年 9 月 17 日，一场毁灭性的地震袭击了西北并摧毁了无数官府和私人建筑。[167] 通常，人们相信这样的灾难是由不悦的神灵为了警示人类他们的愤怒而发动的。那么符合逻辑的解决办法是确认发难的神灵，然后向他们提供祭祀。然而，萧斡拒绝将地震归罪于超自然的存在。他认为责任就在人类身上。这样的自然灾害应当归咎于人类，因为人与天地为一，而人的行为会影响自然的运行：

> 曰："天地其变如此，何也？"
> 曰："失其理也。"
> "如何而失其理？"
> 曰："由人而失其理也。人者，天地之心。安有心病而身不病者乎？"[168]

126　　当人不能遵循理时，灾难自然会相伴相随，因为天地——与人为一——也会失去让它们正常运行的"理"。萧斡解释到，人之理的最重要组成部分是由"五常"定义的。例如，仁是"爱之理"，义是"宜之理"等等。违背五常就意味着失人之理。那么人为什么会违背五常？萧斡坚称是因为人未能学。解决方法是让世上之人都学会穷理。一旦所有人做到这一点，自然将恢复正常，灾难也会停止。[169]

萧斡调整了早期中国儒学的宇宙感应观，在此基础上，他设想人

---

[167] 这场地震记载于《元史》，50.1083。
[168] 萧斡《地震问答》，收入《勤斋集》，4.2b。
[169] 萧斡《地震问答》，收入《勤斋集》，2b—5a。

类活动和自然运行之间的关系。[170] 他清楚这种观点主要被用于讨论在位者的角色和职责,但他并不认为天地只感应于政治和政府,而是坚信天地也响应于个人。因此,当灾难发生时,"在位者固当自改其一官之政治阙失,然而无位者不当自责其一身之失理乎?"[171]

在萧㪺的观念中,只有当政府和个人都循"理"完成好各自的角色时,一个完美的秩序才能建立。这里缺失的是对于地方共同体角色的讨论。事实上,萧㪺相信作为有组织的共同体的地方社会只存在于上古。彼时,地方社会不过是个人的集合:

> 古之居民二十五家同一闾巷,巷首有门,门边有堂曰塾,民出入常受教于塾,而后行之。自八岁已入小学,收放心、养德性。既长,又有两塾之师教之行其理、去其非。故贤者得以明理善俗,愚者亦能寡过远罪而不自知也。今纵不能然,**但乡党里巷中必有年老有道理者或识道理者,皆可师而问之**。知爱其身,不堕于恶阱。则渐自长进,过失渐少,道理渐明,是亦古之遗意也。盖古之所行者,治世教民之政;今之所言者,使人人自明其理之法。[172]（楷体为作者所加）

127

在萧㪺看来,他所处的时代国家的执政已经失效,曾使地方社会完好运转的古代制度已经崩坏。这一情境下,人们没有任何已建立的制度可依靠。因此,让世界重归秩序的责任就落到了如他这样的年长者的肩上。他们将以个人努力来引领社会,而非通过建立"非官方"的机构。在萧㪺观点中所有的机构——即使是那些由"非官方"的精英创立的,都必须与"官方"领域紧密关联。

例如,在一篇纪念由当地士人李子敬建立的学古书院的文章中,萧㪺用了前半篇来评论元朝如何通过许衡的努力修正了金朝不像南

---

[170] 关于对早期中国的宇宙观和亲族关系的精彩讨论,参见 Aihe Wang, *Cosmology and Political Culture in Early China*。

[171] 萧㪺《地震问答》,收入《勤斋集》,4.9a。

[172] 同上,4.6b—7a。

宋那样设立书院的错误。我们得知许衡在他执教长安期间培养了一代学者。后来，陕西行省政府建了一所以许衡命名的书院（鲁斋书院），还发动当地人士建立他们自己的书院。根据萧㪺的说法，学古书院仅仅是那之后建立的一系列书院中的一座。完成之后，当地官员把李子敬的姓名上报朝廷以纪念他的家族。[173] 萧㪺的记载淡化了学古书院是由地方精英发起的工程这一事实——而是把它呈现为一个由朝廷领导的计划。在萧㪺的视野中，虽然个人在"非官方"领域扮演了重要角色，"非官方"机构却只有极有限的发挥空间。换句话说，个人——而非有良好建制的有组织的地方群体——组成了"非官方"空间。大概是出于这个原因，我们在萧㪺的文集中找不到任何证据表明他，或者同恕，曾将当时关中的道学视作一个由地方有学之士的共同体集体发起的运动。在对明初思想的一个讨论中，狄百瑞表示"对主导力量的抵抗或者与之独立倾向于以个人化的——而非通过利益相关群体——的方式显现。"[174] 这正是十四世纪初期在关中所发生的。因此在这一时期，我们只知道少量以道学之名进行的群体活动。

　　萧㪺和同恕之后元朝关中的道学活动情况也模糊不清，因为这一时期没有任何道学著作留存。然而，我们确实知道萧、同的学生不限于关中本地人。事实上，萧㪺的三位身份可考的学生中，即第五居仁（生卒年不详），孛术鲁翀（1289—1341）以及吕思诚（生卒年不详），[175] 只有第五居仁是关中人。这三人中最著名的是孛术鲁翀，一位出身河南的女真人，并在朝廷担任高官。孛术鲁因公到访陕西期间与萧㪺和同恕结交。[176] 这表明虽然萧㪺和同恕一生中的绝大部分时间都住在关中，他们的学术网络却经由他们与官僚体系的联系向外延伸。简言之，可以确定当时在关中有一个道学运动，但由于它没有独特的学说教条、很多参与其中的人甚至都不是关中本地人，这一运动不应——如一些当代学者所说的那样——被视作"关中学派"的

---

[173] 萧㪺《学古书院记》，收入《勤斋集》，1.15a–16b。
[174] De Bary, "Introduction," 收入氏著 *Self and Society in Ming Thought*，第 8 页。
[175] 《关学编》，第 22 页。
[176] 苏天爵《孛术鲁公神道碑铭并补》，收入《滋溪文稿》，8.121–127。

产物。

　　然而，这一运动在元朝的最后二三十年从历史材料中消失了。除　　129
了萧㪍的三个学生以外，死于1331年的同恕之后没有学者进入任何
形式的历史记载。此外，即使有萧㪍这样的领袖人物呼吁提倡，私人
书院文化也并未兴盛。学古书院以外，没有任何记录表明十四世纪关
中有其他书院存在。即使学古书院也在1358年以后停止了运行。这似
乎意味着地方共同体很难维持一群致力于道学事业的核心学者群、而
道学在短暂的发展之后就开始衰落。道学的例子再一次说明了确保士
人文化持续发展所需的资源在金元时期是不具备的。

　　这一章讨论了金元时期——一个以士人世家及其文化的中断为标
志的时代。我们发现很少有家族能够连续几代保持显赫。毁灭性的战
争、衰退的经济状况明显阻碍了强有力地方精英的增长，很多士人因
此难以维持他们的士人身份。例如，王喆最终成为道士，在想要成为
士人的努力失败后创立了全真教。然而我们确知士大夫仍然自视为地
方共同体的领袖人物。他们在当地生活、成婚并且热心于建立地方关
系网络；做官仅仅是他们职业选择中的一项。

　　然而，谁有资格成为士大夫？这成为真正的问题。士人和其他社
会群体例如武官、吏员、医生和宗教人士之间有频繁的身份界限跨
越。因此对士人来说，能够以某种特定的文化使自己区别于非士人就
变得愈发重要。总体说来，在12世纪末和13世纪初，这一由《中州
集》诗人引领的文化被界定为"文"或"文学"的。但是关中士人在
13世纪开始创作超越文学类别的作品。到13世纪50年代，当许衡开
始了他在关中的教职时，另一种形式的学问，道学或者说义理之学，
很快受到士人的关注。渐渐地，道学成为关中士人文化的聚焦点，而　　130
这一运动在14世纪初期达到顶峰，但是鲜有证据表明这一状态在14
世纪30年代之后仍然维持。事实上，在元朝的最后几十年，所有形
式的士人活动似乎都消退了。

　　与其他地区的道学运动相比，这一时期关中道学的一个独特特征
是学者们并未察觉有发扬道学的本地传统的需要。相反，他们坚定地

遵循了程朱理学的主流。虽然他们将自己而非君主视作道的传承者，并认可在官僚体制之外、有一个在政治腐坏之时他们可以捍卫道学思想的空间的价值，他们仍坚信最终应由国家来采取体制性的措施，而非地方共同体。在他们设想的这一官僚体制外的空间里，无官衔的士人是作为个体行动的，并非作为一个由肩负创造和引领"非官方"机构之责的有学之士组成的共同体。

相同的趋势也可以在非道学学者中看到。虽然杨奂和骆天骧都对历史深感兴趣，但他们都不认为有必要倡导一个与国家的往昔相区别的、当地的过往。如李庭这样的文学界人士甚至不觉得官僚体制之外的空间是必需的，虽然这一空间显然存在着。他们认为只有当一个人无法在仕宦道路上取得成就时才会从事文学。根据他们的标准，甚至连已经"出世"的道士也是因为其政治参与——远远超过其他方面——而被铭记。还有一些人，例如张建，在他们的著作中呼吁效忠朝廷。他们不容许任何形式的试图违抗朝廷意愿的地区力量，维护自上而下的政治秩序是他们最优先考虑的。

简言之，这一时期的关中士人大致以国家，以政府，或者朝廷为中心。在这样的思想氛围下，作为地方的关中并不重要。关中的重要是因为它曾拥有灿烂的、属于国家的过往；任何唐代以后的人事通常都被忽略。张载和他的学生几乎被遗忘，并且我们找不到任何关中人士宣称他们是任何形式的地方文化传统的继承者。当士人目光看向全国时，关于当地的集体记忆被压制了。

因此，关中的"黑暗时代"是以社会和文化延续性的缺乏、地方身份的缺失为标志的。然而，随着明朝的建立，情况开始逐渐变化。由于十五世纪以降各种文学作品出版的爆炸性增长，我们不仅见到可用材料的飙升，而且一个集体的关中身份也变得非常明显。关中从那时起成为地方自豪感的源泉，既因为它承载的国家的过往，也因为它作为地方的当下。

第三章

明清时期:"文艺复兴"

1622 年,吏部上书朝廷请求将河北滦州张家的部分成员重新安置到凤翔府郿县。这封奏疏陈述到:通过考察滦州地方志中的张家家谱,吏部确认这些成员为张载后人。由于周敦颐、程颐程颢和朱熹的后人都获得了朝廷封赠的头衔,张家成员也应当获得同样的朝廷恩典。最后朝廷决定,授予张载的第十四代后人同时也是滦州县学生员的张文运"五经博士"的头衔,他携家族移居至张载的故乡郿县,照看张载墓地、开展祭祀。[1]

最先提出此事以引起朝廷关注的是时任凤翔知府的沈自彰(生卒年不详)。据说他很好学,并且一直与著名的关中道学家张舜典(约 1549—约 1621 年)[2] 切磋商讨。沈自彰还因其对张载之学的热情而出名。他不仅收集张载的撰述,编成了后来收入《四库全书》[3]的《张子全书》,而且还依据张氏旧谱和晚明最重要的道学家之一冯从吾(1556—1627)[4] 给他的栾城县志重修了张氏族谱。

张家后裔"回归"原乡,这只是冯从吾在朝廷及像沈自彰这样的热心地方官员的帮助下,重建张载与其故乡关联的戏剧性事件之一。

---

[1] 见《郿县志》14.395–402. 张家的后人仍然居住在郿县,并且积极参与维护与张载相关的历史遗迹。参见张世民《张载后裔的迁延》。这篇文章的作者宣称是张载的二十八代传人并且是由该县政府于 1985 年成立的张载祠文物管理所的成员。

[2] 《凤翔府志》,5.73b。

[3] 见张岱年为张载集的现代排印本所作的序;张岱年《关于张载的思想和著作》,收入《张载集》,16–17 页。

[4] 张世民《张载后裔的迁延》,第 45 页。

正如我们将要看到的，这是冯从吾利用张载的遗绪来建立关学——"关中的道学"——这一宏大计划的一部分。

当代中国学者们通常沿用传统的"四学"观念来描绘道学的区域传承，即周敦颐的濂学，二程兄弟的洛学，张载的关学，杨时和朱熹的闽学。循此，道学运动常常被视作从开始就分出了四个学派。然而这个"四学"的框架出现得相对较晚——不会早于 13 世纪晚期。[5] 因此，把学派与某个地域相连的做法是一种需要检视的历史现象。

传统观点认为，在"四学"框架中有一条从周敦颐到二程兄弟、经杨时而至朱熹的脉络。这一谱系后来以程朱理学为人所知，并成为官方正统意识形态。张载就这样成了一个格格不入者。总体看来他的学说仍被视作正统，因为朱熹将他标为道学运动的共同开创者——这一点我们在第二章中已经看到。通过对张载思想的仔细考察，葛艾儒已经向我们展示了张载是一位独立的思想家。[6] 然而，自朱熹以来，张载通常仅仅被视作程朱学派的一个成员——虽然是重要成员，并且他的遗风遗韵很大程度上是基于其哲学与程氏兄弟相契合的前提之上。

正如我们在前一章中所见，贯通整个元代，张载思想已成为更广意义上程朱理学遗绪不可分割的部分——即使对关中学者来说也是如此。因此，冯从吾的努力代表了看待张载遗绪及作为地方的关中的不同视角。同时，他的努力也不是没有先例，因为自明代中期以来，关中学者们已经通过重新出版北宋关中学者的著作、推行其中规划的实践方法来弘扬张载的遗绪。例如，王承裕（1464—1538）出版了张载及其弟子的撰述。[7] 王之士（1528—1590）则很有意识地追随吕大临树立的先例来推行乡约。据说王之士曾宣称"居乡不能善俗，如先正和叔何。"[8] 吕潜（1517—1578）青年时也曾抄写吕大临长期被忽视的《克己铭》，并藏于袖中，常常取出阅读。[9] 考虑到这些先例，冯从吾将

---

[5] 对电子版《四库全书》（香港中文大学，1999 年）的搜索显示，最早在这一意义上将此这四个字作为固定搭配的用法出自胡炳文（1250—1333）的文集《云峰集》（1.3a）。

[6] Kasoff, *The Thought of Chang Tsai*.

[7] 马理《南京户部尚书平川先生王公行事》，收入氏著《谿田文集》，5.141a—61b。

[8] 《关学编》，第 60 页。

[9] 同上，第 55 页。

张载之学提升为道学的一种独特的、地方化的形式仅仅是这一世纪中道学发展的一个片段——虽然是影响深远的一段。

本章将要探询的是这一新的发展如何发生、在关中士人文化的背景之下如何演变。15世纪中期以降,从关中走出了一批全国知名的、在塑造明清思想和文化面貌方面发挥了重要作用的思想家和文学人物。然而,却是道学运动成功地提出了一种明晰的理念使得所有士人——无论其学派或文学归属——都不得不做出回应。因此,这一章将追寻道学在关中的发展,从它明初的发端——以极具影响力的理学家薛瑄(1389—1465)为核心的北方思想共同体的浮现——到15世纪晚期道学通过构建以张载遗绪为基础的地方传统而逐渐走出薛瑄巨大的身影,这一传统在晚明被称作关学;最终,关学在清代发展为一套具有其独特理念的学说。我们将要呈现道学与其他士人学术如何相合相争,以及关中士人在这一过程中如何重新界定国家与地方、"官方"与"非官方"、中央与区域这几组关系。

首先我们需要展示的是,这一过程是因随明代浮现的一系列社会文化动因才成为可能。关中商人和士人精英受益于各项国家政策,并且他们所积累的资源使其得以经受住后面几个世纪中的自然和人为灾难。在这些有利条件下,精英家族中的佼佼者与金元时期的先例不同,在极长时段内能够不断再生产他们的成功,甚至不受改朝换代的打扰。

危机与机遇

当明军在1369年进驻关中时,这个区域已经饱受战火近十年。元朝中央政府已经失去对元军的控制,不同将领带领军队互相攻伐。明军在重新掌控关中后,采取了一系列措施重建关中秩序,恢复经济生产。政府在减免赋税之外,还启动了修复长期废弃的灌溉系统的工程,并召集农人重新耕种荒废的土地。[10]

---

[10]《陕西通史》,6:376-380,7:23-25。

136　　　明朝建立之后一段相对和平的时期使得关中得以逐渐恢复，然
而，正如我们将会看到的，经过了七十多年的努力，关中文化才得以
繁荣。即使在那之后，自然、人为灾害仍周期性袭来，对地方社会造
成毁灭性打击。历史上该地区最重大的地震发生在 1555 年，80 万人
丧命其中，包括本章将要讨论的几个人物。盘桓于黄河转弯处的蒙古
人——在许多史料中被称作"套寇"——于 1546 年侵扰关中，引起极
大慌乱。明末的大饥荒重重打击了西北区域。最终导致明朝覆灭的叛
军也在此兴起。由李自成（1606—1645）领导的叛军在 1643 年建立了
短暂的大顺王朝，以西安为西京；次年清军打败李军并夺取了对关中
的控制。

　　　清朝于 1666 年建立甘肃行省，将明朝时的陕西地界一分为二。[11]
一如以往的征服王朝，清朝的统治阶级试图维持一种将自己族人与被
征服人民区分开的政治社会秩序。在一些城市，八旗军单独驻扎在被
称作"满城"的区域。隶属于西安的满城，是清政府于 1649 年在明朝
的陕西王府基础上建成的。[12] 根据欧立德的研究，这里聚集的满人数
量巨大，在诸多城市中仅次于北京。[13]

　　　这一时期当地政府主要关注的另一个族群是回人。[14]1586 年，该
区域遭遇大饥荒，在今泾川镇受灾的数百名回人——一些史料中被称
作"回夷"——起来反叛。这一动乱很快延及省内其他地区，汉人和
回人都牵涉其中。虽然叛乱被镇压，地方官员却采取了将当地回户编
137　入保甲系统的措施以预防类似事件再发生。[15]

　　　1604 年，鄠县和盩厔又爆发另一起叛乱。知县在镇压之后又一次
实行了保甲制度将回人纳入严密监管。[16] 到清代，回人在陕西已成为
继汉人之后的第二大族群，回汉间关系紧张，有时激化到难以控制的

---

[11] 吴镇烽，《陕西地理沿革》，第 484 页。

[12] 赵尔巽等，《清史稿》，63.2093。

[13] Eliott（欧立德），*The Manchu Way*，第 105-106 页。

[14] 例如，在杨一清担任陕甘总督及陕西巡抚期间上奏的关于军务的奏议中，牵涉回人
及叛乱的占了相当的比例，参见杨一清《关中奏议》，尤其是 11-14 卷。

[15] 瞿九思《万历武功录》，I.84。

[16] 《鄠县乡土志》，I.9a。

地步。[17] 到 19 世纪,一次牵涉到回人的重大叛乱又爆发了。虽然此次
叛乱最终也被平息,但当地社会几乎不得喘息,因为 1877 年、1900
年这里又遭逢两次大饥荒,致数百万人丧生。[18]

　　大规模的战争、社会动乱和自然灾害都会阻碍人口增长。16 世纪
中期,中国人口据估计有三千五百万。这一数字在 17 世纪急剧下降,
之后又迅速回升。我们可以较为确定地说,到 1823 年陕西人口已接近
一千两百万——这是一个前所未有的数字。即使如此,全陕西人口加
起来也只占整个帝国人口的百分之四——但我们不能忘记,8 世纪时
这一比例是约百分之九。[19]

　　相对稀疏的人口分布意味着较高的人均可耕种土地率。我们可以
通过 1812 年的一组数据来了解其整体面貌。当时陕西省的人口为 10,
207, 256,可耕地面积为 30, 677, 522 亩。平均每人有 3.01 亩土地。除
去满洲地区各省,陕西在山西(3.95)、山东(3.41)以及河南(3.13)
之后高居第四位。与江苏(1.90)、浙江(1.77)、福建(0.98)、广
东(1.67)等南方诸省相比,陕西绝对可算是人均土地相对充足的地
域。[20] 其他年份的数据不太可靠,但我们知道整个明清时期,土地在
关中并不昂贵,也不是富人追求的最重要的财产。[21] 举例来说,我们
一般认为明清时期的商人是为了利润而购买土地,但关中商人通常并
不热衷于此。一些县志指出,清初的一些商人甚至认为拥有过多土地
是一种负担,这样导致的结果是"万金之子,身无寸土"[22]。对土地兴
趣索然导致的一个直接结果就是关中极少存在大地主;有学者甚至宣
称该地区没有地主。[23]

---

[17] 关于此次叛乱的信息在地方志中记载颇多。例如,在 1884 年的《乾州志稿》的末
　　尾含有名为《乾州殉难士女录》的单独一卷,用以纪念那些在同治年间丧生于回人叛乱以
　　及太平天国事件期间的士人和他们的家人。此卷列出了 5569 人的名字,其中 90% 是死于
　　回人叛乱。

[18] 田培栋《明清时代陕西社会经济史》,第 110—114 页。

[19] 曹占泉《陕西省志》,第 80—83 页,第 330—331 页。

[20] 梁方仲《中国历代户口,土地,田赋统计》,第 400 页。

[21] 也有例外。在一些县有一种由洪水过后的沉淀物滋养的优质土地,称作"渠田",
　　参见田培栋明清时代陕西社会经济史,第 159—161 页。

[22] 钞晓鸿《明清时期的陕西商人资本》。

[23] 秦晖和苏文《田园诗与狂想曲》,第 44—68 页。

虽然如此，极其富庶的家庭确实存在。王心敬（1656—1738）论述到清初当地官员会保护富裕家庭的利益，因为饥荒来临时要依赖他们赈灾。王心敬甚至说全县的生存依赖于这些家族。[24] 虽然许多人怀疑王心敬是出于自身利益才做出这样的论断，但这仍然彰显出富裕家庭在当地事务中扮演的重要角色。

然而国家对待这些家庭并非一直那么友善。某些时刻，国家很可能出于压制这些家族的考量而重新组织地方社会。结局就是这些家族被分割。例如，三原县的焦家，自从在李自成占领关中时、因忠于明朝而丧生 [25] 的焦源清（1607 年进士）和焦源溥（进士 1613）两人以来就很显赫，但在 1658 年，朝廷命令当地政府依据里甲制重组地方社会以获得赋税，焦家因此被强行一分为二。由于无法将全家纳入一个甲，焦家处在尴尬的位置。当地官员决定将其分开，并把每个半部与其他较小家庭结合而构成两个甲。这一事件令当家的焦之夏（生卒年不详）非常忧虑，他预见到整个家族可能会走向永久的分裂。为了防止这种可能，他撰写了一份乡约，提醒家族成员维护共同身份的重要性。[26] 我们无法确知 1658 年分家之后焦家的命运，但能找到该区域其他一些贵族家庭成功走出不利境况、维持完整并显赫达数个世纪的例子，其中一些家族甚至延续至今。[27] 与金元时期处于相似地位但极少能从重大灾难中幸存的大家族相比，明清时期的贵族家庭呈现出令人惊讶的弹性。

既然土地并非可靠的收入来源，那么上面谈到的这些家族最初是如何致富的？回顾起来，国家的确在为关中贵族提供机遇方面发挥了主要作用。为了制约江南大族的力量，明朝初期的帝王例如太祖朱元璋（1368—1398 年在位）和成祖朱棣（1403—1424 年在位）有意识地倾向北方学者。1425 年，在咨询了内阁首辅杨士奇（1354—1444）之

---

[24] 王心敬《丰川杂著》，3a–5b。

[25] 焦源清和焦源溥的传记参见《明史》，264.6823–6824。

[26] 焦之夏《分家亲亲约序》，收入焦氏著《岁寒集》，40a–41b。

[27] 例如，王心敬家自从 16 世纪初露头角以来一直维持共同家族身份的能力从他们持续修撰的家谱中可以证明，最近一次是在 1996 年，见《王氏宗谱》。

后,仁宗朱高炽(1425年在位)下令重新设置会试份额,确保考官每年每录取六位"南方"考生时,就要同时录取四位"北方"学子。[28]这一照顾性政策为北方——包括关中——的有志之士提供了更多进入政府的机会。当15世纪晚期、16世纪早期最得势的宦官刘瑾(1510年卒)得势时,陕西士人也获得了额外机会。刘瑾出身陕西,为了获得同乡人士的支持,他将陕西省试的录取限额从45人升至100人。[29]我们并不知道这些考试政策变化的实际冲击,但我们确知相当数量的关中士人进入了官僚体系上层。学者们已经确认,有明一代大约有50位官至首辅、都御史或尚书的关中人士。[30]

为官之外,另一条让家族走向显赫的大道是从商。商业对明代社会各个方面的影响已经众所周知,这在关中也同样显著。陕西商人充分利用商业贸易中的新机遇,涉足包括纺织、茶、烟以及香草在内的各类商品。商业城镇数量剧增,农民也积极参与到日常交易之中。然 141而,关中并没有像长江三角洲那样随着白银流入及快速商业化,从而使经济以前所未有的速度增长,我们将看到手工业在关中几乎难以为继。

然而,相较其他区域,关中商业确实有一个相对优势,而这又一次是由国家提供的机会。为了给边境防御提供资金,从太祖朱元璋开始,明朝就实施了"开中"制度。在这一政策下,商人可以运输谷物到边境,换取到特定区域贩盐的许可。[31]由于陕西商人经营生意的基地都设在边境附近,他们在这一制度下获利致富。他们还常与来自山西的同行协作,共同面对与徽州商人的竞争,最终他们在淮河、长江

---

[28] 杨士奇《三朝圣谕录上》,收入杨氏著《东里集别集》,2.30a-b. 后来这一份额被修改为北方人35%,南方人55%,中部10%。关于录取名额设定背后政治的讨论,参见艾尔曼《帝国晚期科举考试的文化史》(*Cultural History of Civil Examinations in Late Imperial China*),88-97页。

[29] 龙文彬《明会要》,47.873-874。

[30] Miribel,明代地方官吏及文官制度,第431-437页。这一中译本先于其法语原著 *Administration provinciale et fonctionnaires civils au temps des Ming* 出版。法语版中没有官员名单。

[31] 田培栋《陕西商帮》,第14-18页。王瑜和朱正海《盐商与扬州》,第70-78页。

沿线，尤其是扬州一带的贩盐业中占据了很大份额。[32] 他们还主导了四川和其他地区盐的生产和售卖，并专门进行纺织品、茶、羊毛和皮制品的贸易。他们的活跃区域从西北一直延伸到东南。

然而，到 15 世纪的最后十年，盐商已被允许用白银直接向政府购买贩盐许可，而政府也可以在驻军地区的附近购买食物和其他供给。陕西商人的相对优势因此消减，而在内陆较为活跃的商人——尤其是著名的徽商——逐渐在区域竞争中占据上游。但直到清朝，陕西商人仍能通过探索其他途径而一直保持竞争力。这其中有一系列因素：帝国疆域的扩大——尤其是向陕西商人活跃的新疆区域拓展；自然资源丰厚的陕南迅速开发；以及帝国西部各类经济的发展。[33]

142　　1600 年以降，在东南行商的盐商可以获得"商籍"。这一身份使得包括陕西商人在内的许多最具实力的商人的子孙可以进入官立学校，并在家乡之外参加童试及生员考试。但正如何炳棣所指出的，在"商籍"创立之前，许多商家后嗣已经以普通身份参加科举。[34] 据载，陕西商人的子孙在"商籍"被创立之前就已在考试中极其成功。事实上，整个明代，活跃于淮河一代的陕西商人在培养进士方面仅次于徽商。[35]

许多客居在外的陕西商人虽然远离关中，但仍然维持着与故土的紧密联系。这在他们资助的关中地方工程上可以得到证明，这些工程让当地居民切实感受到他们的存在。[36] 杰出士人马理（1473—1555）就将商业视作能够让故乡三原闻名全国的推力："盖三原，天下商旅所集，凡四方及诸边服用率求给于此，故三原显名于天下。"[37] 马理此处有些夸张：三原从未成为他宣称的贸易枢纽，但的确是原材料的加工

[32] 藤井宏《新安商人の研究》。关于陕西商人在扬州的活动及其对该城市文化面貌的印象，参见 Finnane, *Speaking of Yangzhou*, 第 49-56 页。

[33] 李刚《陕西商帮史》，第 228-239 页。

[34] 对于"商籍"这一类别的创立，参见何炳棣, *The Ladder of Success in Imperial China*, 第 69-70 页。

[35] 田培栋《陕西商帮》，第 14-18 页；王瑜和朱正海《盐商与扬州》，第 70-78 页。

[36] 李刚《陕西商帮史》，第 108-116 页，第 128-189 页。

[37] 马理，《明三原县创修清河新城及重隍记》，收入氏著《溪田文集》，3.117a-22a。引言来自 120b，选自纪念新城墙及护城河的一篇碑铭。

中心。[38] 然而马理对商业带来的变化表现出的热情是显而易见的。人们可能会设想，作为程朱理学忠实追随者的马理对于商业这样追逐利益的活动就算没有敌视，也至少会保持漠然。[39] 但他并没有，并且在这一点上他不是孤例。当马理的好友、另一位伟大的关中道学家吕楠（1479—1542）被问到士人是否应当从商时，他说士人自身不该，但应该让其他家庭成员从商，否则无法糊口。吕楠因此提议即使是士人家族也应当有劳动分工，这样至少部分家庭成员能够以贸易谋生。[40]

　　伴随着对商业的正面评价，对商人的评价也有所提升。在这一时期我们看到很多商人和士人家庭通婚的例子。此外，商人传记——当然是由士人撰写的——中一个反复出现的主题就是他如何遵循儒道。例如，另一位三原学者来俨然（1955 年进士）曾称赞一位叫做王经济（生卒年不详）的人，因为他为了让弟弟能够有机会成为士人而从商。[41] 虽然无法确认其真实性，但这些记载证明了关中精英，无论士或商，都在共同维护他们显赫的社会地位。由此带来的结果是，经由商业创造的新财富并未均分，而是在上层商人及已具备深厚根基的士人家族中流转。

　　这一时期的记载大都显示普通农民仍然生活在穷困之中。一些倾向马克思主义观点的学者曾抱怨陕西商人与南方的商人相比，仍带有“封建”色彩，因为他们不愿投资手工业，因而导致“资本主义的萌芽”在关中无法生长。[42] 暂且不论其政治倾向，这一观察确实指出了商业发展加剧贫富差距这一事实。大量财富聚集在少数人手中，导致一小批极有势力且长期延续的家族的出现。与研究中国南部的社会史学家和人类学家所熟悉的家族不同，这些关中家庭缺乏作为收入来源的大片田产。然而他们仍然得以长达数世纪维持一个家族的身份认

143

144

---

[38] 田培栋《陕西商帮》，第 6–7 页。

[39] 马理对于席卷 16 世纪思想界的王阳明学派持有敌意。在他给王阳明的著名批判者罗钦顺（146–1547）的信中，他特别批判了王阳明关于“良知”的理念。参见马理《上罗整庵先生书》，收入氏著《溪田文集》，3.140b–42b。

[40] 吕楠《泾野子内编》，27.277。

[41] 来俨然《处士王公传》，收入氏著《自愉堂集》，I.Ia–3a。

[42] 田培栋《陕西商帮》，第 126–127 页。

同。通过对三原温氏和同州马氏的简要考察，我们能够了解这些强大的关中氏族是如何在一个充满危机和机遇的时代兴起的。

成功故事

记录三原温氏及同州马氏的文献名为"温氏丛书"和"关西马氏丛书"，分别编于 20 世纪 30 年代和 19 世纪 70 年代间，让我们能够较为确切地追溯这两个家族的发展。丛书中收有明清两代两个家族成员的文章及家谱信息。[43]

温氏和马氏成为显赫家族的初因很类似：都由于晚明时一位家族成员在官僚系统中攀至高位。温家居于关中商业中心三原，让温家引以为傲的是：从这里走出了温纯（1539—1607），他相继在六部中的许多部任尚书，并在正史中获得了"肃百僚"和"振风纪"的赞誉。[44] 看起来他是在扬州参加了乡试，因为他的家人当时在淮河一带进行贸易。[45] 根据温纯对父母的记述，在他父亲温朝凤（生卒年不详）于四川与东南地区间的远程贸易中取得成功之前，他们家一直贫困。温朝凤利用积累起来的财富投资教育，把孩子送入了官学。[46] 温纯的成就便是这一策略的回报，从那时一直到 20 世纪 30 年代，温氏家族一直保持显赫，培育出很多官员、进士和知名学者。[47] 然而，尽管他们成功地"转变"为士的身份，但是温氏家族从未离开商人圈。在温纯的文集中，我们可以找到相当数量的为三原商人撰写的墓志铭。而且，温家一直在与有影响力的商人构建婚姻关系。[48]

除了婚姻关系的搭建，温纯在管理亲族方面也颇为费心。他开始区分子嗣后辈：将家中嫡系与旁支分开，并为每一支建立祠堂。他还

---

[43] 温良儒编，《温氏丛书》（未刊，1938 年）；马先登编，《关西马氏丛书》（未出版，1868 年），这一部分中温氏和马氏家族成员的所有引用资料都出自这两部书。

[44]《明史》，220.5802。

[45]《两淮盐法志》，16.4b。

[46] 温纯《二亲行略》，收入氏著《温恭毅公文集》，13.1b-4a。

[47]《关中温氏族谱》。

[48] 参见例如温纯《明守关鄂东王军墓志铭》，收入氏著温公以公文集，11.12b-14a. 此铭的主人公王一鸿（1538—1600）为自己的儿子核温纯之孙女结了婚姻。

设立义田,发起了一份乡约。[49] 显然,温纯想要构建一个更为完善的宗族系统。但除了这些信息,没有证据表明温家采取了类似于塑造明清南方乡村社会面貌的那些家族所用的方式来组织家庭。即使如此,温家也并未崩解。《温氏丛书》中诸多记载都显示,尽管温氏一族的精英成员没有实质上的共有财产,他们却用尽心力来创造一个共同身份。

这一点可以通过引述温廷鸾(生卒年不详)的夫人岳氏(1825—1896)的例子得到证明。根据岳氏两位孙辈(孙子温尔明和外孙来赋诚)撰写的墓志铭,温廷鸾在去世前要她保护好尚存的温纯文集刊本。由于担心家中后辈对这些书疏于爱护,岳氏将它们捐献给当地一所著名的书院,并被县令称赞"深明大义"。还有一次,纪念温纯的两座牌坊"太保坊"和"理学名臣坊"在地震中坍塌,家中一位成员建议把遗存部分卖掉,但岳氏坚持说牌坊的遗迹应当保存。还有记载说她建议修复温纯的几座祠堂和墓地。其余家族成员拒绝出资,她只能从自己的存款中拿钱来资助这些工程。[50] 因此,岳氏的孙辈们将她描绘为一位珍视家族荣誉的有学之人,而这样的家族荣誉是构筑于温纯的学术及官宦成就的。我认为,对岳氏一生中这一方面的强调,是她的孙辈试图以维持他们与家族中最杰出的祖先之间关联的鲜活来将温家连到一起。这向读者传达了温家拥有一个他们引以为傲的、由学术与出仕定义的"士"的传统。

同州马家也同样获得了骄人的士的传统。马家最为杰出的成员是马自强(1513—1578),他在1578年曾短暂地担任过首辅。在马自强之后,马家如温家一样,通过不断培养官员和中举而得以维持其士人

146

[49] 温自知《先考府君行事》,收入氏著《海因楼文集》,55a–b. 温自知是温纯的第三子,也即最小儿子。

[50] 温尔明《例赠孺人显继祖妣岳孺人行略》;来赋诚《外祖母岳太孺人小传》,都收入《关中温氏碑传集》120b–21a。建立祠堂是为了纪念温纯的卓越成就以及他对于修筑某桥梁、重修城墙所作出的贡献。参见文翔凤与张炳璿《济涉祠门联》,文翔凤《温恭毅公报功祠碑》和王徵《温恭毅公缮城祠碑记》,焦源溥《渭北建温恭毅先生祠堂疏》,都收入《关中温氏献徵集》43a, 44a–49a, 62a–63b, 64a–66a。这些祠堂原本并非宗祠,但岳氏让她家人为工程出力的热忱意味着祠堂很可能已经具有宗祠功能,或者至少可作为代表温家的纪念堂。

家族身份达数个世纪。这促使寺田隆信称他们为典型的"乡绅"家庭。此处的"乡绅"是明清时期在位和退休官员在他们故乡所受的称呼。[51] 马家在 15 世纪，当有些家族成员买到进入国子监的资格后，就开始宣称其拥有士族身份。根据马家的记录，在那之前马氏是富裕的农民。[52] 这很可能是指小地主。

147 　　如前所述，在明清时期关中有权势的地主极其稀少。大部分土地拥有者（其中最富裕的也只有 500—600 亩地；相较而言，江南一个富裕的地主可能拥有十倍的土地，而且肥沃得多）都雇佣劳力到地中劳作，而非采取租赁土地的方式，他们还通常与雇来的人一同劳作。[53] 在关中，耕种的回报很有限，地主还要通过其他途径来积累财富。马家也不例外。和温家相似，贸易是他们发达的重要手段。同样重要的还有（1）放款和出借谷物（2）谷物的储藏和售卖。[54] 有很多记载写到马家如何在乡邻无法偿还时撕毁契约借据，以及他们如何在饥荒时发放大量谷物，救人无数。[55]

　　寺田隆信正确地指出马家储藏谷物并非为了赈灾，而是一种投资。[56] 近来的研究显示，这是关中精英家族积累财富的典型方式。[57] 因此，虽然很明显马家拥有土地，这却非最重要的收入来源。罗友枝（Evelyn Rawski）在对杨家沟马家的研究中所述的同州马家跨越两个朝代维持显赫的能力，类似于希拉里·贝蒂研究过的安徽桐城马家。[58] 然而，与安徽马家不同的是，罗友枝在杨家沟马家没有见到任何宗族组织的痕迹：没有祠堂，没有共有财产，也没有家学，而且显然绝大部分经济活动都是在家的层级开展的。[59]

[51] 寺田隆信《陕西同州の馬氏》。
[52] 同上，第 480-482 页。同时参见马自强《先考南野公暨妣李淑人继妣张氏行状》，收入《关西马氏世行录》，2.7A-13B。
[53] 田培栋《明清时代陕西社会经济史》，123-137 页。
[54] 寺田隆信《陕西同州の馬氏》，第 482-487 页。
[55]《关西马氏世行录》，2.15b，3.7b。
[56] 寺田隆信《陕西同州の馬氏》，第 484 页。
[57] 田培栋《明清时代陕西社会经济史》，第 128-130 页。
[58] Beattie, *Land and Lineage in China*.
[59] Evelyn Rawski, "The Ma Landlords Of Yang-Chia-Kou," In Ebrey And Watson, *Kinship Organizations In Late Imperial China*, P. 267.

　　然而，对原始资料的重新审视表明:在晚明的某个时刻马家确实设立了义田，以帮助家族成员获取支付家族祠堂祭祀礼仪的收入。在这个意义上，马家确实类似于屈佑天(James Watson)所说的一个宗族[60]。但罗友枝论证，马家是以"家"为单位开展大部分经济活动这一点是确实的，因为没有任何证据表明共有土地曾作为他们收入的重要来源。尽管缺少实质性的共有财产，尽管面临着家族划分和族人外迁的压力，马家依然能够依赖一种共同身份的观念而数代维持家族完整——正如寺田隆信所呈现的。[61]马家是如何做到这一点的?拥有相当数量的、能够获得特权的功名持有者和官员当然有所助益，但我们需要质疑的是:既然经济活动基本是在各家开展，马家为什么如此热衷于维护共同的家族身份?

　　这一共同身份使得胸怀抱负的人能够调用资源，开展超出单独家庭经济能力的活动。马鲁(1761年举人)在一篇未系年的、纪念重建文昌塔的文章中讲述了他的祖父和族中几个家庭成员一起出资，于1652年修建此塔，希望能够使马氏"文运"亨通。这座塔确实达到了目的，因为马家在此后几代人中成功地培育出了中举者，但之后文运渐衰，而塔也成为废墟被弃。为了重振文运，马鲁发动最初参与建塔的那些家庭的后人来重修此塔。[62]这一工程绝不是任何一家可以单独支付得起的;它需要拥有共同身份的整个族群的集体力量，而马氏一族正好为马鲁提供了这一点。马鲁还坚持说这个工程不仅会为家族带来利益，而且将惠泽整个村庄，因为它会提升村子的风水。[63]显然，马鲁试图担起全村领导人的角色，但他必须依赖家族的力量来达成。重修文昌塔以及对先祖"文运"的强调表明:马鲁试图彰显他出自一个拥有悠久士人传统的家族——而这一策略能使他获得走向当地领袖

148

149

---

[60] 马朴，"四世一品祠祭田记"收入《关西马氏世行录》，14.18a-19a. 关于马朴生平及其所设义田的记述，参见韩爌，"诰授中宪大夫云南按察使司副使洱海道敩若马公墓志铭"收入《关西马氏世行录》，11.6b 页。Watson("Chinese Kinship Reconsidered," 594 页)将家族定义为一个拥护礼仪的统一、基于可证明的来自共同祖先的血统的共同体。

[61] 寺田隆信《陕西同州の馬氏》，第 501 页。

[62] 马鲁《合族重修文昌塔楼记》，收入氏著《善对斋文史存稿》，1.7a-b。

[63] 同上。

角色的合法性。

对马鲁来说重修家谱也是为了相同的目的。马鲁在为 1802 年的新谱所作的序中感叹道，晚明首次编纂家谱时，马氏一族尚有许多为官之人，但现在大部分家族成员非农即商。由于很少有人拥有"儒"的身份，即使祠堂仍在，后辈们也已全然忘记宗族关系的价值。因此，编撰一部新的家谱正是为了提醒家中所有成员这一关联的重要性。[64]在马鲁看来，马氏在家族"儒"传统衰落之时丢失共同身份将是灾难性的；因此，修谱的最终目的是为了确保马家能够坚守"儒"的地位。对于马家成员来说，保持家族完整以及延续"儒"的传统是他们成为士人的关键。

已有证据表明，明清时代像关中温家和马家这样的做法很常见。明中期最重要的官员之一的王恕（1416—1508）为我们提供了另一个极好的例子。王恕在为家族编写家谱时殷殷告诫他的家人：失去士的身份将祸害无穷。他引用了此前很多卓有建树的家族的例子，表明他们因为在某几代对子孙失于教养而导致修谱传统无法延续。结果他们无法追踪祖先的足迹，从而丧失了对血脉延续的记录。王恕因此敦促后人用功治学，这样才能维持士的地位并保持家族的完整。[65]

150　　安东篱在关于扬州的研究挑战了这样一个广为接受的说法：明清时代区分商人和士人的社会边界开始模糊。她论证到"模糊"论掩盖了仅仅是盐商——而并非所有商人——在与士人阶层的融合方面获得了相当的成功这一事实。她同时主张：盐商的经历只能证明他们在特定的历史情境下被重新定义、并融入了士人阶层，这并不能推出界线已被打破。相反，"即使这两类人之间确实存在家族血统的混同，中国社会仍持续地将盐商视作商人，与士人相区别。"[66] 我们目前的研究证实了安东篱的观察。王恕的告诫以及温家和马家的经历都揭示出这些雄心壮志的关中人急于获得并维护他们士的身份。与金元时期的关中人不同，他们中间最为机智的那些人成功地做到了这一点，士人文

---

[64] 马鲁《续修马氏族谱序》，收入《关西马氏世行录》，14.15a–b。

[65] 王恕《族谱题辞》，收入《王端毅公文集》，3.5a–6a。

[66] Finnane, *Speaking of Yangzhou*，第 253—264 页，所引部分出自第 263 页。

化也因此得到繁荣。在这一时期，关中士人对文化的多个领域进行探索并达于精深。然而，正如我们前面所说的，这一时期主要的思想学术运动是道学，根据黄宗羲（1610—1695）的观点，道学运动是作为薛瑄学派的一支而发端的。

一个"非官方"士人群体的形成，1450—1500

在《明儒学案》中，黄宗羲这样评述三原县的一群明代学者："关学大概宗薛氏，三原又其别派也。其（王恕）门下多以气节著，风土之厚，而又加之学问者也。"[67] 黄宗羲试图为读者提供思考明代学术传播模式，同时解释为什么王恕带领下的三原学派会因正直而闻名。但这段话带来的问题多于它提供的答案。三原是关学的一派，这意味着什么？此外，关学是什么？它与薛瑄的关系又如何？

在黄宗羲的时代"关学"已是常用概念，因此他大概并未想过需要回答这些问题。但我们不能想当然地接受他的说法。薛瑄是山西河津人。黄宗羲说关学以薛瑄为宗的，事实上是在说关学发源于非关中人士，这与冯从吾对关学的记述相矛盾。正如前述，冯从吾热切地推崇张载为关学鼻祖，这也驱使他淡化——虽然并非否认——薛瑄对关学谱系的贡献。冯从吾的逻辑后面还会详细讨论。在这里我们先追溯第一代关中学者的崛起，在黄宗羲等后代学者看来他们从属于一个高度交互的群体。

没有证据表明在 15 世纪中期以前，关中存在这样的群体。在那之前，我们仅有零星地关于一些个人的信息。[68] 直到约 1450 年，一个共享价值和术语的士人群体才开始成形。这一时期的资料也很少，但

151

---

[67]《明儒学案》，9.158.（翻译部分出自 Julia Ching 等，*The Records of Ming Scholars*，第 96 页。）
[68] 对于这些个人的简短生平，参见《陕西通志》（1735 年），63.30a—31a。

我们仍然有足够的信息来确认他们与薛瑄学派的关联。[69] 例如，凤翔府的张杰（1421—1473）在山西赵城做训导期间，曾得薛瑄指导。[70] 兰州（今天在甘肃省，但在明代属陕西省）的段坚（1419—1484）据说是薛瑄的私淑弟子，并且与他的几个杰出弟子交往甚密。[71] 咸宁的

152
张鼎（1430—1495）在父亲到山西任知府时成为薛瑄的学生，薛瑄对他评价甚高。薛瑄去世之后，张鼎在编纂薛瑄文集一事中发挥了至关重要的作用。[72] 秦州（也在今甘肃省）人周蕙（1468 年活跃）出自军人家庭，是薛瑄弟子李昶（生卒年不详）的学生。他在兰州从军期间也参加了段坚的"讲理学"的课堂，[73] 韩城王盛（1475 年进士）曾从学于薛瑄，并且参与将薛瑄的居所改建为以他命名的书院的工程。[74]

这几个例子足以证明，15 世纪，山西、陕西的联系很紧密，关中群体是薛瑄在北方引领的一系列活动的一部分。因此黄宗羲突出薛瑄的核心作用是对的，但他关于这些学者构成了一个独立学派的表述有时间上的错乱，因为当时尚未形成学派。他们所做的是结成一个具有强烈"非官方"色彩的学术思想群体。

我们在第二章中已经讨论过，金元时期的关中学者绝大部分是以国家为导向的。即使是如萧斆那样认为政府失道的道学家，也把拯救失序世界的责任放在作为个体的个人肩上。尚未有任何想要通过形成"非官方"士人群体来向社会推行道学理念的努力；学者们都认同这一责任属于朝廷或是先觉的个人。相较而言，15 世纪中期的关中士人则

---

[69] 对于薛瑄及其学派的杰出研究，参见 Khee Heong Koh 的博士论文 *East of the River and Beyond*. Koh 就薛瑄对明代关中道学的早期发展的影响的重要性做出了精彩的论证。然而，由于他的主要关注点不在此处，Koh 并未讨论随着关中学者想要走出薛瑄阴影并创立他们自己的身份之时，薛瑄的存在被淡化的过程。

[70]《明儒学案》，7.126。

[71]《明史》，281.7209，《明儒学案》7.126. 段坚是否是薛瑄的直接弟子无法确定。大部分清初的材料比如《明儒学案》和《明史》都把段坚视作私淑弟子，但大部分明代材料比如《关学编》和彭泽（1489 年进士）所写的年谱《段容思先生年谱记略》则未提及此事。Koh（第 202-205 页）则根据在嘉靖年间河南省志中找到的一段由段坚学生柴升所写的记录，推测段坚是薛瑄的直接弟子。在我看来，此事仍存疑，但是段坚毫无疑问与薛瑄团体保持着密切联系，如果不是通过薛瑄本人，也是通过他的弟子。

[72]《关学编》，第 32-33 页。

[73] 同上，第 30-32 页。

[74]《韩城县志》，6.6a-b; cf.Koh, "East Of the River and Beyond", 201 页。

把一个在"非官方"状态下行动的学者社群——无论他们实际上是否为官——视作对道学思想进行有价值讨论的关键。我们已经看到周蕙是如何成为道学宗师的——虽然他是一个军人。周蕙最初在兰州参加段坚"讲理学"课堂时,他站着听完了整节课。后来其他学生叫他入座,最终邀请他加入讨论。据说他获得了来自同门的高度敬意,并且毫无争议地被视作群体领袖。他追随薛瑄弟子李昶学习之后,名声很快传开,跟随其求学的学生来自四面八方。晚年周蕙在家乡秦州过着半隐居的生活。虽然他对公共荣誉并不热心,仍然偶有官员来访,其中一些是来寻求道学文本的指点。他也遵循了恰当的礼仪。据说在那之后,秦州人民仍坚持践行这些礼仪。[75]

像周蕙这样地位的人能够获得如此尊敬的事实对我们了解他身处的关中学术社群极有裨益。无可否认,周蕙的成功是极为鲜见的例子,但这也清楚地表明,在 15 世纪中期的关中士人圈里,国家授予的身份和头衔不像个人学术那么重要。这一立场未必与国家的观点相悖,因为对个人的衡量标准仍然与国家尊为正统的道学理念相一致。即使如此,显然国家对士人群体的视野和观念所发挥的影响已大幅锐减。相反,社群被认为是一个公共领域——个人可以提出各自观点进行商讨。王恕在几部著作中表达了他对四书五经的各种注疏——大部分来自程朱理学系统的——的异议,反映的正是他对学术共同体的此种看法。

王恕思想中的公共精神

王恕来自一个没有从政历史的家庭。1448 年获得进士之后,王恕在官僚系统中逐渐攀升,拥有成功的仕宦生涯,曾升至吏部尚书。他在明朝正史中享誉甚高,不仅为皇帝推荐正直之士,并且在弘治年间(1488—1506)为国家带来兴盛。[76] 黄宗羲将他视作三原学派的创始

---

[75] 同上。
[76]《明史》182.4837。

人，正如前所述他把三原学派看作始于薛瑄的、关学的一支。然而薛瑄是一位程朱理学思想家，但王恕不是。从他的著作中可以看出，对他来说最重要的是经世之学，并非道学的伦理哲学。即便如此王恕也必须对道学的观点做出回应，而他采取的方式是挑战道学传统中最权威的人物。

王恕不满程颐和朱熹对某些经典段落的解读，他着手提出不同的阐释。最初他只是与家乡三原的宏道书院中想法相近的学者讨论他的观点，但后来他将自己的观点汇集成《石渠意见》（石渠是王恕的号）[77]。在这部著作中，王恕不仅反驳了前代道学家所作章句中出现的错误观点，而且有的地方甚至表达了对原文的质疑。[78]王恕还完成了另一部题为《玩易意见》的书，在其中进一步质疑了程颐和朱熹的评论。[79]

据王恕自己所记，他没有意愿让这些书公开流传，西安府不知如何得到这些书并刊行于世。然而，显然王恕并未感到不快，因为即使到了八十多岁时，他仍在书写并出版《石渠意见》续集，[80]而这些著作显然是以大众为对象的。最初王恕不愿意出版是因为他担心别人会
155　认为他想要与撰写注疏的伟大学者们展开争论。[81]王恕后来解释说他本意非此，而仅仅是因为这些注疏从南宋以来就被国家承认并指定为学校的标准教材，延续数百年而无人敢提出异议，这是不对的。王恕认可这些注疏对理解经书原文至关重要，但是通过仔细考究可知，其中很多段落的可靠性值得质疑。王恕强调，面对这样的情境，盲目追从注疏不仅会让人难以实践自己所学，而且会误导后学。明智的做法

---

[77] 王恕《考经堂记》《石渠意见拾遗补缺序》以及《石渠意见请问可否书》，收入《王端毅公文集》，1.11a—13b，2.4b—5b，3.1a—b。

[78] 例如，《孟子》4b.2当子产管理郑国时，他曾用自己的马车运送人过河。孟子同意子产的善良，但却对于政府无知，因为为了达到他的目的，子产应当修一座桥梁。王恕不赞同孟子这一评价。他认为子产作为一位伟大的官员，他当然考虑过修桥，使用车驾仅仅是桥梁修好以前的权宜之计。参见王恕《石渠意见》，收入《王端毅公文集》，8.20a—21a。

[79] 王恕《玩易意见》，收入《王端毅公文集》，卷七。

[80] 王恕《石渠意见拾遗补缺序》，收入《王端毅公文集》，2.4b—5b。

[81] 同上。

是表达自己的意见（正如他所为），然后开放给其他人谈论。[82] 据我的理解，王恕的立场并非挑战注解的权威，而是挑战以国家为中心判定学术是非的做法。在他看来，注疏及学术属于公众；而作为公共社群的一员，个人拥有表达自己观点的权利。

即使如此，我们也无法由此推出王恕想要削弱国家权威。恰恰相反，他在通常由南方"非官方"的精英们领衔的工程中，一再把政府推到领头人的角色——包括书院的建立。在第二章中我们提到三原的学古书院由当地士人李子敬建成，但在 1358 年废弃。王恕在一篇纪念书院重建的文章中，讲述了永乐年间当地人如何把书院所在地改为一个供奉各种神祇的庙。他理解修庙者想要获得神灵庇护，但他坚持，三原居民只有通过自身的道德修养才能免于灾难。考虑到当地人的利益，王恕在正统年间（1436—1449）还是学生的时候就曾渴望重修书院，虽然当时他找不到任何机会去实行。直到 1487 年他以朝廷高官致仕回家时，他才有能力提出此事、获取当地官员的关注。

据载提学副使娄谦（生卒年不详）曾要求当地县一级的学生拟出一个提案。然而，由于知县无能，重修工程被搁置。同一年王恕又被招进朝廷，无法推动此事。幸运的是，娄谦很有韧性，下一年他又提醒了西安知府徐政（生卒年不详）。徐政随后派人到三原将神像换为孔子像，书院终于得到重建。王恕对新任县令马龙（生卒年不详）表达了很高的期望，他认为马龙能够追随娄谦和徐政的范例，将三原转变为一个文化高度发达之地。[83]

虽然王恕的这篇记文将所有的功绩都归于地方官员，但他也确保了自己所起的穿针引线之功显露无遗。他是朝廷高官，但这件事严格说并非他的职责范围，事实上，他是在以"非官方"的身份行动，当他要求地方官员重建书院时。他并不认为地方权力机构仅仅是国家在地区的代理；他们也应当满足像他这样的、知悉公众利益的地方权贵的愿望。

156

---

[82] 王恕《考经堂记》，收入《王端毅公文集》，1.11a—13b。

[83] 王恕《复学古书院记》，收入《王端毅公文集》，1.15a—17a。

在王恕看来，国家权威依赖于公共意见。王恕在朝廷为官期间反复提醒皇帝这一点的重要性。他在一封敦促皇帝谨慎选官的上书中引用了《孟子》及诸葛亮（181—234）的上表。其中提到的《孟子》选段是：

> 左右皆曰贤，未可也；诸大夫皆曰贤，未可也；国人皆曰贤，然后察之；见贤焉，然后用之。左右皆曰不可，勿听；诸大夫皆曰不可，勿听；国人皆曰不可，然后察之；见不可焉，然后去之。左右皆曰可杀，勿听；诸大夫皆曰可杀，勿听；国人皆曰可杀，然后察之，见可杀焉，然后杀之。故曰"国人杀之也。"如此，然后可以为民父母。[84]《孟子·梁惠王下》

157

这段引文中实际上有两个话题：任命官员及执行法律。出自诸葛亮上表中的段落则涉及将内廷外廷的赏罚标准化。诸葛亮强调说皇帝不应偏向任何一方、采用不同的奖惩标准。[85] 显然王恕引用这两段话是在委婉地批评成化皇帝（1465—1487 在位），他因设立宦官特务西厂，允许佛道人士、宦官、姬妾介入宫廷政治而臭名昭著。[86] 为了应对在他看来皇帝因依赖亲近、私密的侍臣所造成的负面效果，王恕诉诸涉及所有"国人"在内的公共精神。王恕提出，君主并非凌驾于公众之上，也无权以一己之意任命官员、实施奖惩。相反，这些事物应当由公众来决定。王恕保证，如果皇帝能听从他的建议，天下将会大治。[87]

那么，在王恕的观点中公众由谁构成？他并未指明，但从他数次提到自己出身于一个没有为官传统的家族（不义之子，民间子弟）这

[84] 此处的翻译取自 D.C.Lau 所译的《孟子》，稍有改动。第 67—68 页。

[85] 陈寿《三国志》35.919。

[86] 赵翼《廿二史札记》，34.626—628. Frederick W. Mote, "The Ch'eng-hua and Hung-chih reins, 1465-1505," 收入杜希德和 Mote 编，*The Cambridge History of China*, 8:343-350。

[87] 王恕《陈言圣学书》，收入氏著《王端毅奏议》，5.32a-36a。

一点来看[88],当他提出"国人"概念时,很有可能包括了普通人。至少我们可以断定他并不是特指官员,还包括了构成社群的不为官的学者,王恕已经表明他们之间意识形态的差异是可以讨论和辩驳的。将同样的逻辑运用于政治,很明显王恕是在强调这个共同体对决定与政府相关的事物时的重要性。

王恕于1508年逝世,时年93岁。在他最为活跃的年岁中,人们开始出于共同的关中背景而将重要的关中学者与张载相联系,例如周蕙弟子薛敬之(1434—1508)和李锦(1436—1486)。[89]但直到包括王恕之子王承裕在内的下一代关中学者浮上历史舞台,构建一个独特的关中身份才成为迫切任务。这个新的发展导致张载的遗泽被提升到前所未有的高度,并超越了薛瑄。

张载遗产的多重运用,1500—1600

王承裕和父亲一样也官居高位并花了相当多的力量来推动提升关中地方历史和传统。他写了一本书纪念出身于他的故乡三原的唐代大将李靖(571—649)[90],此外,我们前面提过他还重新出版了张载和吕氏兄弟的著作。虽然王承裕对道学事业很投入,但他对张载遗产的推崇显然不仅仅因为张载作为道学共同开创者的突出角色,还出于他的关中身份。对于王承裕和同时代的许多人来说,他们对道学总体理念的接受并没有妨碍对道学的一个特定的、地方的版本——即张载之学——的认同。

---

[88] 王恕《由启修志奏状》以及《再启修志奏状》,收入氏著《王端毅奏议》,5.21b–22b,7.25a–26a。

[89] 关于薛敬之,参见吕楠《奉议大夫金华府同知思菴先生薛公墓志铭》,收入氏著《泾野先生文集》22.17b–21b。关于李锦,参见王云凤《博趣斋稿》,124a–b。同时参见《松江府同知李锦传》(无作者),收入焦竑《国朝献徵录》,83.58a–59a。

[90] 王承裕《唐李卫公通纂》。

159 道学语境下张载的地方化

1519 年，凤翔府的地方官员建立岐阳书院；被视作关中人的周公、太公望和召公在主厅受到供奉。张载也在主厅受敬奉并且共享三公的祭品，而其他乡贤和地方官员则被放入边厅。出身兰州的彭泽（1489年进士）是著名的政治家、段坚的外孙和学生，他引述凤翔知府王江的说法，指出在书院修建之前，周三公与张载已在关中的不同地方分别得到供奉。在他看来，即使与孔子、孟子和周敦颐、程氏兄弟、邵雍等北宋杰出的道学家相比，这几位地方圣哲在传播尧舜之道方面发挥的作用也毫不逊色。并且正如孔孟代表东鲁（山东）、周敦颐代表九江（江西）、程氏兄弟和邵雍代表伊洛（河南）、朱熹代表考亭（福建），周三公和张载同样代表着岐周（关中）。因此，如果不将三公和张载放到一起祭祀、提醒后辈他们的重要意义，礼就不能算完备。[91]

彭泽的意思很明了。他是在为"我们"当地的圣人传统张本，而这与其他地方的传统同样重要。事实上，可以认为彭泽是从地域的角度来描述道学运动：周三公和张载受到尊崇是因为和其他那些代表了"他们"地方的学者一样，他们代表了"我们"当地。彭泽将普遍的"道"重新定义为多种特定的、在地区意义上具有重要性的道的总和。

严格来说彭泽并非以道学家身份为人所知，但他对道学运动的描述却颇具代表性，因为它呈现了 16 世纪初期关中道学圈的一种趋势。这一时期道学运动的任何讨论都必须给予吕楠重点关注。吕楠与王阳明同代，并且是王学最重要的反对者之一。[92] 他反对王阳明"知行合一"的中心理念，坚称知总是先于行。[93] 但同时他的心态也很开放，机敏地挑战了将程朱之学作为通向真理唯一途径的倾向：

> 是道有数百年无人传者，有一时数人得者，有数人所得有浅

---

[91] 彭泽《岐阳书院志》，收入《陕西通志》（1542 年），32.27b–28a。

[92] 吕楠对王阳明的挑战非常有力，以至于以护卫王阳明出名的黄宗羲觉得必要在《明儒学案》中对其做出批判。参加《明儒学案》，8.137–138。

[93] 吕楠《泾野先生文集》10.89。

深大小之不同者。是故舜、禹、皋陶、稷、契，五人一时也，成汤、伊尹、仲虺，三人一时也，……周、程、张、邵、司马，六人一时也。其他为之友者亦有之矣，为之徒者亦有之矣。今夫汉儒人所耻言也，然如董、汲、郭、黄、诸葛，虽朱夫子且或让焉，况其门人乎？隋唐诸儒，人所不道也。然如王仲淹、韩退之，虽两程子且或取焉，况其他人乎？若是，则《道脉录》行亦可也。[94]

这一评论出自吕楠为学生汪尚和所编的《紫阳道脉录》一书作的序。吕楠提到汪尚和曾经师从王阳明并信奉"知行合一"。然而，汪尚和不满王阳明的一些学生批评朱熹，因此遵循朱熹《伊洛渊源录》的形式编成此书，以向世人证明王阳明的那些弟子误解了朱熹的学说。吕楠为汪尚和这一认识鼓掌叫好，但提醒他道是天下之公物，应当开放讨论。吕楠对王阳明所秉持的、尧舜之后仅有一条道的传承脉络的观点尤为谨慎，因为那意味着在任何时刻都唯有一人得道。吕楠争辩说这是试图独占道，并将道从公有转变为私有之物的提法。在这篇序言中吕楠举出一些例子来证明在任何特定的时刻都可以有多人得道。[95]

在吕楠看来，接受世上仅有一种道并不意味着仅有一条得道的途径。相反，意识到存在多种途径是得道的必需步骤，因为倘若没有不同路径以及随之而来的异见的碰撞，任何宣称的已获之"道"都只会是武断而偏离普遍真理的。吕楠对从汉到唐历代学者的肯定，证明了就连那些被宋代道学家目为偏颇或错误的方法，他也保持了开放态度。

吕楠热心推崇的其中一条路径即张载之学。其中令吕楠大为敬仰的方法是礼的实践：

> 江西有五人来见，先生谓之曰："若等为实学，动静当以礼。"一人对曰："是横渠以礼教人也。"先生曰："不特张子也，曾子亦

[94] 吕楠《紫阳道脉录续》，收入氏著《泾野先生文集》，1.13b–15a。
[95] 同上。

然。虽孔子克己复礼，为国以礼，亦何尝外是。"[96]

　　吕楠一提出礼的概念，到访者立即就把他与张载相联系。这意味着吕楠的同代人认为张载之学有其独特之处，并且吕楠继承了这些特点。虽然吕楠同意到访者，张载学说确实重礼，但他也提醒到崇礼也

162　　与经典儒家学说的精神相一致。然而，显然吕楠把以礼教学视作关中特有的手段，因为他在另一场合下曾谈及只有张载的学生吕大临、苏昞（生卒年不详）和范育——都是关中人——继承了礼学；并且非常不幸的是礼学在他们之后就失传了。[97] 这一评论暗含着吕楠在有意识地把张载学派与一系列特定学说关联起来，而这些学说能将张载学派与道学其他学派区分开。

　　因为共有的关中身份，吕楠清晰地感到与张载的某种亲近感。他在为关中著名士人、好友康海（1475—1540）编纂的《武功县志》写的序言里宣称，张载是当地的"教之宗"。他未提及其他任何道学家，显然是由于他们不属于关中传统。[98] 但同时，吕楠并不认为自己只支持张载学说。马理很正确地指出，在继承了北宋道学家的所有财富这一意义上来说，吕楠的功绩可与朱熹相比。[99] 吕楠致力推动的是道学整体的发展。然而，对与他同辈人中如康海那样没有选择道学路径的人来说，张载的遗产可以用于其他目的。

非道学语境下张载的地方化

　　虽然在 16 世纪初期，道学在关中已经广泛传播，但仍然有人对道学立场甚为蔑视。一位来自咸宁且以博学著称的文官胡侍（1492—1553）就是这样一位批判者。他对道德哲学兴趣索然，并且明确指斥道学在人性和天道议题方面的"空谈"。他甚至表示道学是一种伪

---

[96] 吕楠《泾野子内编》7.58。
[97] 吕楠《泾野子内编》13.126。
[98] 见吕楠为《武功县志》作的序。
[99] 马理《泾野吕先生墓志铭》，收入氏著《溪田文集》，5.161a–171a。

学。[100] 他的著作大部分是内容驳杂的笔记体，比如《真珠船》和《墅　163
谈》。他谴责程颢把博学贬斥为"玩物丧志"。[101] 胡侍在为博学所作的
辩护中肯定了其他形式的学说的真切，因为它们与人们对价值的追寻
是相关的。他批评程颢事实上是对道学垄断真理话语的反对。

这一强烈的反道学立场致使胡侍在发现西安正学祠中不仅供奉
了张载、吕氏兄弟和萧（斞）等从宋到元的关中道学学者，还包括
程氏兄弟和周敦颐时感到惋惜。在胡侍看来，程颢列入其中是因为
他曾在关中做过县主簿（"薄于鄠"）；程颐被纳入是因为他是程颢之
兄，周敦颐则是因为他教过程氏兄弟。但是胡侍论证说这是"阙典"
（ incomplete ritual ）：尽管这个祠堂本该是为致力于正统之学的关中伟
大人物而设立，但关中的古代圣君和来自关中的孔子弟子却被排除
在外。[102]

据我的理解，胡侍此处想要达成两件事。第一，通过否定周敦颐
和程氏兄弟在推崇正统之学的祠堂中的位置，胡侍本质上是在表明北
宋道学家学术之伪。第二，通过坚持这些人物不应在本地祠堂中受
到敬奉，胡侍是在呼吁当地人：抛开程朱理学的影响而专注于关中遗
产——这一遗产只应该上古时期的传奇人物来代表。然而，虽然在胡
侍眼中张载和其他宋元人物也是道学学者，他并未要求中断对他们的
祭祀。我认为他是因为这些学者出身关中而放过了他们。看来地域归
属促使胡侍搁置了他对这些道学道学学说所持的异议。

由于张载与道学的关联，胡侍对他的态度最多可以算是半温不
火。相较而言，16 世纪初关中及外地的很多学者却发现张载遗产别　164
具鼓舞力。他们可以表明对道学问题的关注而无须接受程朱理学的立
场。王廷相（1474—1451）就是明中期最著名、最为离经叛道、并且
宣称张载思想优于程朱传统的一位思想家。他盛赞被程氏兄弟批判的

---

[100] 胡侍《真珠船》，2.22b-23a, 4.48b-49a ；胡侍《道学解》，收入氏著《胡梦溪文集续
　　集》，6b-8b。

[101] 胡侍《真珠船》，4.53b-54a。

[102] 同上，〈正学祠〉，《真珠船》2.8a-8b。

张载的《正蒙》。[103] 还写了一篇文章反驳朱熹的批评，以捍卫张载关于"气"的哲学观点。[104]

出身河南的王廷相对张载的推崇并非出于地方自豪感，但地方主义在他的朋友、来自关中东部朝邑的杰出文官韩邦奇（1479—1556）拥护张载、贬低程朱学派的时候的确发挥了很大作用。韩邦奇曾经宣称只有张载能够发展出一个理论来解释道之实质的根源（韩邦奇所指的是张载关于"太虚为气"的陈述），而在孟子提出"性善论"之后，没有其他任何道学思想家有勇气表达这样的观点。韩邦奇论证到，由于孟子曾论及人性——作为天道的表征——是善的，后代的"儒士"不敢背离孟子的解读，因此将人欲处理为完全偏离人性之物。他认为孟子并不是说人性不包含欲望；后辈学者误解了孟子，并忽视了人性与欲望并非互斥的事实。相较而言，由于张载表明了"太虚"与"气"并非二物，他就能够理解作为气之实现的欲望是发源自作为太虚之实现的人性。[105] 通过这一观点，韩邦奇实际上是在批驳"天理／人欲"的二元对立系统以及接受此系统的人，而最明显的罪魁祸首即
165 程朱理学成员。因此，在韩邦奇的理解中张载是站在程朱一派道学家的对立面的。

与胡侍相似，韩邦奇也因博学而闻名。他著述甚丰，涉及经、史、天文、音乐、地理、象数、兵法等众多领域。[106] 他的一些学生将他比作北宋极具影响力的宇宙论学家邵雍，但同时声称韩邦奇对道的讨论是严格遵循张载学说的。很不幸的是韩的著作大多不存。从现存的文集来看，他主要关注的有道学的伦理哲学话语。虽然他的朋友、前面谈及的吕楠是将张载遗产与程朱理学共同提倡的，但韩邦奇却用张载来削弱程朱理学的权威。

韩邦奇的朋友、另一位伟大的关中人士康海虽不是道学学者，却是张载的热情推崇者。康海并不介意张载来自郿县而不是他的家乡

---

[103] 王廷相《王廷相集》，第 821 页。

[104] 王廷相《横渠礼气辨》，收入氏著《王廷相集》，第 605–660 页。

[105] 韩邦奇《见闻考随录一》，氏著《苑洛集》18.25a–26a。

[106]《关学编》，第 50 页。

武功;其关中身份已足以使康海把张载视作同道。在前述康海所编的《武功县志》中写到,张载到访武功时住在一个叫做绿野亭的地方。由于他与知县走得很近,武功所有的学生都到绿野亭去与张载"论学"。绿野亭从那以后声名大振,但在随后的几个世纪中逐渐沦为废墟。1490 年间,陕西按察副使杨一清(1454—1503)在该地附近买下两处房屋,一处用于修建张载祠,另一处用作教室。1495 年,李瀚以巡按御史的身份拜访了武功。在听一个学生讲述张载在当地的遗风遗韵后,他让杨一清再建一所书院。杨一清随后命县令来执行,这一工程于次年完成。[107]

这个事件再次表明:国家和地方士人都在积极推崇张载。康海为把张载遗绪提升为地方遗产所作的努力是很突出的。在为张载一部著作的重印本所写的序中,康海称张载为"此吾横渠夫子"也极具说服力。他把张载誉为周公和孔子之后唯一一个能够真正将自己为政的理念投入实践的人。他抱怨说宋代其他儒士在谈论政府时更多关注的是语言的修饰,而非如张载那样亲身检验他们的想法。[108]在此,康海本质上是说在传承圣人之学方面张载不亚于任何人,甚至包括程朱学派在内的宋儒在为政的实践方面——较张载而言——还要逊色一筹。

康海后来被视作推崇文学"复古"的明"前七子"的一员。他提出文章应当追随秦汉,而作诗当以汉、魏(三国)、盛唐为宗。他的主要追求在于文学而非道学,尤以在杂剧、词曲等流行文体方面的成就为人所知。[109]然而,康海在回望自己可接续的文化源流时,并不认为自己的文学追求与任何的关中传统有关联,也从未提到与早先任何重要的关中文学人物有渊源。

在这一语境下,康海对张载显示出的强烈兴趣就更具揭示意义

166

---

[107]《武功县志》2.6a-8a.康海在其中收入了由礼部尚书吴宽(1435—1504)为纪念此事而写的碑文。

[108] 康海《横渠先生经学理窟序》,氏著《康对山先生集》,32.1a-2a。

[109] 王九思,《明翰林院修撰儒林郎康公神道之碑》,收入氏著《渼陂续集》,2.63a-65b.王九思也是一位伟大的关中文学人物,他是康海的好友,也是前七子之一。

了：一位伟大的文学家将一位来自道学传统的人物视作精神导师。事实上，尽管康海从事文学，但道学有关伦理修养的前设对他也至关重要，并且是他提出的、一套连贯的为学之方的重要组成。在他看来，圣人的思想并非只关乎语言，只是圣人唯有通过语言才能将他们的意图昭示于世。因此，康海主张语言是"心之声"、"学之著"，是理解自我修养之方、为政之道的必经之途。[110] 在康海看来，文学、道学、为政之道并不冲突；它们虽不相同，但都是为了构建更好的世界而必须掌握的、相辅相成的学识。

道学的道德修养前设因此成为康海所提倡的、为学之道的重要构成。虽然康海并未对关中学术传统作出系统论述，但根据他颇具包纳性的学术取向来观察，他若有意为之，无疑会将这一传统视作不同思考路径的结合。然而几十年后，随着吕潜、王之士等道学学者对张载遗产发出越来越强的呼声，关中学术传统开始逐渐与道学合流。也就是说，在 16 世纪晚期的关中，虽然文学、为政之学等其他学术仍然繁荣，但学者们逐渐接受了这样的观念：张载所提倡的道学才最能代表当地学术传统。因此，在 17 世纪初期当冯从吾完全以道学来定义关学时，其做法受到好评，并且很长一段时间都是理解关中学术传统传承的范式。

冯从吾与关学的形成，1596—1627

冯从吾通常被视作晚明最伟大的关中学者。他出身长安，东林党运动是他最为人所知的一段经历。1622 年，他推动建立京师首善书院，此处是东林党人聚集、展开思想交锋——即明代思想家所说的"讲学"的地方。正如约翰·达第斯指出的，书院名称"首善"意为"善之前沿"，在冯从吾看来，这包含道德和地理两层意味，因为他相信

---

[110] 康海《横渠先生经学理窟序》，氏著《康对山先生集》，12.1a–2a。

北京是四方的标杆, 因此是"首善之地"。[111] 但冯从吾在京师的活动并没有影响他对故乡的付出。事实上, 冯从吾的大部分生涯都是在关中度过的。幼年时期他接受父亲的教育, 20 岁时进入国子监。回乡之后, 他与王之士共同在由王阳明的追随者、时任陕西提学副使的许孚远(1535—1604)修建的正学书院教授关洛学派的主要思想。1589 年, 冯从吾在考取进士后被选为翰林学士, 并开始与京师志趣相投的文官们共同"讲学"。1591 年, 他被任命为监察御史, 但很快由于上书批判皇帝行为不当而惹怒了万历皇帝(1573—1620 年在位)。他几乎要受廷杖, 幸好内阁大学士的介入才被赦免。次年他因病请退回家, 在那里继续"讲学"。即使他被派往河南监督盐政和税收期间, 这一活动也从未停止。1596 年, 皇帝及其他谏官指责冯从吾对一位最受皇帝宠爱的宦官的劣迹失于上报。他因此丢官并除名。之后的二十五年间, 冯从吾在关中居住、教学。1621 年, 他被新登基的明熹宗朱由校(天启帝, 1621—1628 年在位)招回京城, 但很快在 1625 年, 权势很大的宦官魏忠贤(1568—1627)掌权后又被革职回乡。据说魏忠贤没有让他轻易离开, 受魏氏指令的陕西官员在冯从吾离京后继续羞辱他。在重重苦楚之下, 冯从吾最终在 1627 年去世。[112]

正如韩德琳(Joanna Handlin Smith)所言, 冯从吾对"讲学"的浓厚兴趣驱使他捍卫属于学者的领域。他论证说, 在教育方面, 书院能够达成某些官员因资源有限而无法完成的任务。[113] 的确, 无论是为官期间或离职在家, 冯从吾一直坚称在修正失序社会这方面, 学者间的"非官方"共同体比官方监督体系更为可靠。正是在冯从吾第一次贬谪的 1596 至 1621 年的二十五年间, 他得以完全担起"非官方"学者的角色。这一时期他完成了多项事业, 包括为自己家族修谱、编写陕西省志及长安县志。冯从吾在所有这些著作中都极具建设性地运用了"官方"结构来凸显家族与地方社会的"非官方"性质。

169

---

[111] John Dardess, *Blood and History in China*, 第 55 页。

[112] 参见 Charles O. Hucker 为冯从吾写的传记, 收入 Goodrich and Fang, *Dictionary of Ming Biography*, 第 458-459 页。

[113] Handlin, *Action in Late Ming Thought*, 第 89 页。

例如，冯从吾尝试依据正史的结构来组织家谱。他认为由于正史中有关于外戚的章节，家谱也应当包括姻亲的传记。[114] 同时，他又坚持家谱不能完全依照正史。在一封给一些兴趣相投之人所写的、讨论修谱的信中，冯从吾对同时代人在修谱时放肆地宣称要遵循"直"的原则、像史官褒贬人物那样来评价他们祖先这一现象感到非常沮丧。在很多家谱中，编纂者对祖先都有不逊之言——冯从吾认定再没有比这种做法更大逆不道的了。他指出"直"就是指能坦言先祖的卑微出身，或避免杜撰先祖如何伟大；并不是说应该谴责祖先、暴露他们的恶行。这是因为修谱与撰写正史的指导原则不同：

> 第史之为道，备载善恶，用昭劝戒，要之以义为主。谱之为道，扬善隐恶有劝无惩，要之以恩为主。[115]

由于修家谱的要义在于"恩"，因此将先祖的恶行曝光是极为不当的。编纂者可能以为这是"直"，但这将为后辈中的抵牾之人利用编者评论来发泄愤怒开启方便之门。到那时，原本是为了发扬善与孝的家谱就会变为报复的工具。冯从吾断言，明确这一点对于维护恰当的人际关系和风俗极为重要。[116]

我们可以这样推断：对冯从吾来说，国家并非家庭的简单延伸，反过来也同样不成立。由于家和国同样重要，它应当拥有一部仿照正史而写的历史，然而指导君臣关系与指导父子关系的原则是不同的。国家和家族是在不同的前设之上运行的。因此，改变世界之道——规约人伦、正风俗——并不是在社会的所有方面都以国家为标杆。相反，冯从吾呼吁对国家意识形态和实践在适用性上的局限予以重视，并强调维护独立于国家的社会价值的重要性。这与上述的官方能力是有限的、书院应当在实现教育目标方面提供必要的资源的观点一致。

冯从吾在编撰《长安县志》时也运用了相同的思路，很不幸此书

---

[114] 冯从吾《冯氏族谱》，收入《冯少墟集》，19.13a-16b。

[115] 冯从吾《答同志问族谱书》，收入《冯少墟集》，15：13b-15a。

[116] 同上。

已佚，但收入他文集的序言让我们得以辨清冯从吾的重心。他表明县志应该依据官修的《大明一统志》的体例来组织，但这是他的县志与这个国家项目的唯一关联。在实际修撰中冯从吾实际上突出了地方历史的"非官方"面向。正如我们在前面章节中见到的，宋元时期如宋敏求的《长安志》等大部分类似地方志的、有关长安的著作都将关中展现为一个历史场域。冯从吾不接受这样的呈现方式，他宣称宋敏求的《长安志》并非一部邑志，因为他把重点放在记录"历代建都遗迹"。[117] 冯从吾倒是请读者特别注意他所修新志中的"人物"章节。而他着墨最多的地方人物是那些"潜修静养"之人。

由于这部县志已不存，我们无法确知冯从吾到底收录了何人，但从他的总体立场来推测，我们有理由认为是没有官职的、但致力于道学的学者。这些"非官方"的个体通常独居，他们的名号甚至在当地群体中都鲜为人知。据冯从吾所说，他们并不热衷于青史留名，但地方史家却有责任将他们写入历史，因为如果让关于这些人的记忆消散，后辈或者外地人就失去了望向他们、并引为精神师友的机会。[118]冯从吾努力推崇这些人，因为他认识到这是一种令不同时间、不同地域的人获得教诲的途径。也就是说，冯从吾相信编写一部地方志最重要的使命是为社会注入一种道德观。但这不能以政府设定议程、自上而下的方式来达成。相反，这个任务应当由像他一样的非官方士人来承担，他们熟知那些被官方记录排除在外的有德之士的言与行。

冯从吾在这封探讨家谱与正史差异的信中还讨论了地方志应当如何书写。如同正史，这些地方志也应当隐恶扬善。但编写者在"职官"部分记录地方官员的行为时，只应该对三十年以前在位之人作出评价。因为三十年的间隔可以避免牵涉相识之人；而且在这样一段时间之后，公论也将浮现。[119]我们又一次看到冯从吾强调，在衡量当地官员功过时，那些基于公共意见的、官方以外渠道之重要性。

这并不意味着冯从吾完全忽视了国家及其地方代理机构。本章开

171

172

[117] 冯从吾《长安县志序》，收入《冯少墟集》，13.39b-40a。

[118] 同上，13.41a-b。

[119] 冯从吾《答同志问族谱书》，收入《冯少墟集》，15: 14a-b。

头就提到冯从吾曾说服凤翔知府沈自彰将张载后人带回关中。事实上，冯从吾领头的大部分地方工程都是由当地官员资助或协助完成的，包括他定期"讲学"所在地，长安关中书院的修建。[120] 他为书院订立的宗旨可以证明他的目标是将当地官员转变为地方文化的支持者，并利用官方支援来促其发展。在崔应麟（生卒年不详）为关中书院志——大概在冯从吾在世时就已出版——所写的序中，冯从吾坚信虽然道学在关中经历了起起落落，周文王、武王之道却从未完全崩坏；因此复兴其道绝对可能，并完全依赖于个人的意愿。[121] 在这个意义上，冯从吾认为书院不仅仅是培育未来政治家或"讲学"之地，也是一座堡垒，他眼中真正的关中文化可以在这里得到捍卫和发展。

对文王武王之道的强调实际上表明冯从吾断定关中就是圣人传统的发源地。他编于17世纪初的《关学编》正是他定义关中的圣人传统，并将其介绍给全国读者的大工程的一部分。此书包括了关中杰出学者的传记四卷：第一卷宋代，第二卷为金元时期，而明代学者占据了最后两卷。此书很快就成为关学传承谱系的"官方"文献，一直持续到清末，在此书的续编中，后代学者又加入了新的成员。[122]

冯从吾在《关学编》的序言中采取的叙述表明关中之道有一条从未断裂的传承脉络：

173　　　　我关中自古称理学之邦，文武周公不可尚已。有宋横渠张先生崛起郿邑，倡明斯学，皋比勇撤 [123]，圣道中天。先生之言曰："为天地立心，为生民立命，为往圣继绝学，为万世开太平。"可谓自道矣。当时执经满座，多所兴起。如蓝田、武功、三水（指蓝田吕氏兄弟，武功苏昞，以及三水的范育），名为尤著。至于胜国，是乾坤何等时也，而奉元诸儒（例如萧㪍和同恕）犹力为

[120] Handlin, *Action in Late Ming Thought*, p.86.
[121] 见崔应麟的序，收入何载图等编《关中书院志》。
[122] 参见《关学编》中陈俊民的编辑手记，第4—5页。
[123] 皋比指教师的座席。这里是引用上面提及的著名的轶事：张载的思想史发源于程氏兄弟。据说张载正在京城教授《易经》当二程来与他讨论。在听了二程兄弟的学说后，张载第二天就放弃了教席。参见朱熹《横渠先生赞》，收入氏著《朱熹集》，85.4386。

撑持。埙吹篪和, 济济雍雍, 横渠遗风将绝复继。天之未丧斯文也 [124], 岂偶然也哉! [125]

通过表明关中自古以来就是理学之乡、圣人之学在元代也一直延续, 冯从吾事实上为关学提出了一个普适性声明。天未丧斯文的说法即表明关学是圣人普遍的道的一个主要组成。这同时也是对关学特定性的主张: 通过集中地方圣贤与他们的价值, 并把他们与道的传承相连, 冯从吾显然想要表明关中有一条独立的——借用魏伟森 (Thomas Wilson) 的书名——"道统谱系"。

　　勾勒出明代以前关学的传承后, 冯从吾接着谈了明代关学的概貌。他评论到虽然明代关学学者们是通过不同路径得道 ("繇入门户各异") 且成就各异, 但他们继承道的方式宛如出自同一命脉。他们的思想与道统中的所有人相契合, 并且无人偏离孔子之道。[126]

　　由此, 冯从吾建立起一个关学传统——在他看来这是圣人之道的特定呈现。但他也认为这个道自古以来一直不显, 仅仅在宋代才复兴。这个观点在《关学编》的结构上也有所反映: 被认为出身关中的四位孔子弟子被列入"卷首", 卷一则以张载开端。[127] 之后读者会获得这样的印象: 即使在元代张载的微妙影响也一直存在, 并最终在明代重新浮现且大放异彩。值得注意的是, 冯从吾将实际上是程氏兄弟学生的侯仲良 (生卒年不详) 也列入了宋代关学之列。在他看来, 虽然传统观点把侯仲良说成是河东人氏 (今山西), 但他其实出身关中; 之所以有这样的传统说法, 大概是因为侯仲良在金人进攻关中和河南地区时曾在河东避难。[128]

　　侯仲良恐怕与张载学派没有任何直接隶属关系, 但冯从吾仍视他为同道。这意味着与学说上的关联相比, 区域从属关系才是冯从吾建

174

[124] 此处"文"指圣人之道。
[125]《关学编》, 序, 第1页。
[126]《关学编》, 序, 第1-2页。
[127] 同上, 第1页。
[128]《关学编》, 第14-15页。

立关学传统的主要考量，正是这一因素导致他淡化了薛瑄对关学传统的贡献。冯从吾不但把薛瑄排除在《关学编》之外——显然由于他并非关中人，冯从吾还淡化了薛瑄曾是某些关中学者老师的事实。例如，虽然其他几则材料都证实了张杰是薛瑄弟子（见前述），冯从吾只简单提及张杰曾经在赵城与薛瑄论学；最终，薛瑄带着敬畏离开。[129]

175　　冯从吾为提升关中学者学术的努力并不意味着他不加拣选地将人纳入关学传统。他在《凡例》中明确指出《关学编》的目的是记载理学学者的生活和思想；他不愿收入历代名臣的传记。[130] 显然，冯从吾想要提醒读者关学与政治无关；他所定义的关学也与那些未投身于道学道德哲学前提的学者无关。被冯从吾排除在外的当地杰出人士包括政治家王恕、文学宗师康海以及对道学持极端批判态度的、别具一格的学者胡侍。

在冯从吾处理他视作道学阵营的内部分歧时，这一严格的筛选标准确实有所松动。当时思想界以王学为尊，有趣的是，《关学编》的一些读者以为冯从吾是"反王阳明"派的一员。李维桢在《关学编》序言中赞扬了张载攻击佛教之类异端学说的努力，但为后世全然没有注意到这一点而扼腕：

> 迨其后也，鹅湖［陆九渊（1139—1192）］、慈湖［杨简（1141—1226）］辈出，而周、程、张、朱之学日为所晦蚀，然关西诸君子尚守郿县宗指。近代学者左朱右陆，德（正德，1506—21）、靖（嘉靖 1522—1566）之间，天下靡然从之，关西大儒亦所不免。明圣学，正人心，扶世教，安得起子厚于九京而扬抎之哉？[131]

李维桢相信冯从吾编《关学编》带有驳斥王阳明学派之伪学、弘扬程朱学派——张载是其一部分——之正宗的意图。事实上，对李维桢来

---

[129] 同上，第29页。
[130] 同上，《凡例》。
[131] 参见李维桢的《关学编》序，第122–123页。

说获得真理的唯一正确路径、唯一能得道的方法就是程朱理学。其他学派的异端学说会将世界引入混乱。在他看来，《关学编》是冯从吾为程朱学派获取正统地位所采取的方法。

然而，这显然并非冯从吾的意图：与李维桢的判断相去甚远的是，冯从吾其实更倾向于同情王阳明之学。虽然他不满王阳明的"四句教"（Teaching of Four Phrases），但认为其"致良知"的观念揭示了圣人之学的真谛，对"吾道"贡献巨大。[132]另一个体现冯从吾对王阳明学派态度的证据是他在《关学编》中收录了王阳明弟子南大吉（1483—1541）之作。[133]同样令人惊讶的是，冯从吾在为吕楠写的传记中强调吕楠曾拜访过王艮（1483—1541），王艮是王阳明的弟子，并且人们通常指责王艮受佛教所"诱惑"而将儒学引向歧途。[134]这些都表明编纂《关学编》，其目的并非是将某些群体排除在圣人之道以外。相反，它一定程度上标志着在关学的漫长传统之中试图包纳不同道学学派的努力。

我们已经论述了吕楠对程朱学派和王阳明学派之间巨大分歧所持的开放心态。冯从吾也抱有相似的态度。一次，有人问他道学学者是否应当涉入派系之争（"立门户"）。冯从吾巧妙地玩味了字面意义为"门"的"门户"，回答道：

> 天下有升堂入室而不由门户者乎？……夫子之墙数仞，若真欲见宗庙之美、百官之富，[135]自不容不觅此门户以入。不然是原甘心于宫墙之外者也，何足辨哉。且论道体，则千古之门户无二；论功夫，则从入之门户不一。第求不诡于孔氏之道，各择其门户以用功，不自护其门户以立异可耳。而必于责备其立门户，不知舍天理、本心、慎独、未发之外，又将何所讲邪？一开口便

---

[132] 冯从吾《答黄武皋侍御》，氏著《冯少墟集》，15.52b—55a。

[133]《关学编》，第51—52页。

[134] 同上，第46页。

[135] 此处用《论语》19.23的典故。（翻译部分依据 D.C.Lau）

落门户，真令人不敢开口矣。[136]

提问之人所指的当然是朱学、王学之争。冯从吾的回答说明他认为每个学派各有优势。事实上，他坚信道学阵营中所有的学派都独一无二，并且保存这些独特优势很重要。指责各立门户不仅站不住脚，而且对道有所妨害，因为这否认了道是属于所有人的公器。

显然，《关学编》的撰写是为了树立一个基于地方身份的特定的"门户"，但这个门户并非为了整合并统一道学的各种路径。冯从吾构建了一个关学传统，但并不是一个有独特学说的"学派"。不仅如此，在淡化了薛瑄的重要性之后，他并没有（或不愿）为明代关学确认一位无可争议的领袖人物。最终，冯从吾诉诸张载的遗绪，并创造了一份可以被来自关中这一特定区域的所有道学学者所共享的遗产。简言之，冯从吾以诉诸地方的方式解决了所处时代的巨大学术纷争。

冯从吾的这一做法导致了两个结果：其一，关中文化的精髓完全由道学定义。其二，虽然张载被尊崇为关学鼻祖，他的思想学说却变得无关紧要了。事实上，冯从吾的哲学著作和语录揭示出他所倾心的是程朱学派和王阳明学派之间关于理学和心学的论争。[137] 总的来说，他忽略了张载对"礼"、"气"哲学所作的独特贡献，而这些已被吕楠、韩邦奇等早期关中思想家所注意。在某种意义上，冯从吾所构造的张载成了空有其名的领导人物。然而，他毕竟不同于元代的先行者——他们并不觉得有必要建立独特的关学传统，且仅仅视张载为程朱理学的支持者；冯从吾构想的，由张载引领的关学所涵盖的范围比程朱学派更广。虽然冯从吾在《关学编》中引用了张载在与二程兄弟相谈之后决定放弃讲席的轶事，但他所讲的版本突出了张载的开放心态以及弃绝自己在会谈之前所执异端之学的坚决——这从他建议弟子去跟二程学习这一点上得到证明。[138] 我认为，冯从吾这么做是在定义关学：这是道学的一个地方学派，同时也是一个开放的系统，因为其

178

[136] 冯从吾《鲍青语录》，收入《冯少墟集》，7.31a-32a。

[137] 冯从吾《鲍青语录》，收入《冯少墟集》，7.31a-32a。

[138]《关学编》，第1页。

最知名的成员都秉持开放的心态。因此他相信关学会持续演变,并且能够包容新观念,比如王阳明之学。

关学确实在演进。正如韩德琳指出的,总体来说冯从吾避开了政治讨论。[139] 然而,在他去世的 1627 年,迫在眉睫的国家危机促使很多关中人士转向了经世之学的研究。冯从吾对程朱、陆王学派间论争的关注持续地吸引着下一代关中学者,但 1644 年明朝的覆亡迫使他们远离被视作摧毁晚明思想界罪魁祸首的"空谈"。他们转而探寻将实际事物融入道德哲学话语。17 世纪下半叶,李颙(1627—1705)成为关学无可争议的领军人物,关学在他的影响下逐渐发展出一系列可以处理学术、道德以及实际问题间关系的理念和学说。

体用不二,1644—1911

关学与道学的其他地方性分支有何不同? 冯从吾并未给出答案。但罗威廉(William Rowe)在他对文官陈宏谋(1696—1771)的研究中论证道,截至 18 世纪,关学是"实学"的一种这一观点已经广为接受:"(实学)并非'实用之学',而是一种同时关注可实践的伦理以及社会经济运行办法的'实质性学问'。"[140] 也就是说,关学被认为是道学的道德哲学和经世之学的结合。17 世纪以前的关中,道德哲学占据了舞台中心,当地士人中很少有人关注经世的研究。虽然王恕等早期学者在明代中叶已经申明,他们之所以被四书五经吸引,是出于其与为政之学的关联,[141] 但直到明代末叶,这些满怀抱负之士才在关中内外危机的警醒之下开始积极参与经世之学的研究。一个很好的例子是王徵(1571—1644),他很可能是关中学者中第一位拥护基督教的。

王徵是泾阳人,常为频发的自然和人为灾害所困,并在 1622 年中

179

---

[139] Handlin, *Action in Late Ming Thought*, 第 89–93 页。

[140] Rowe, *Saving the World*, p.136.

[141] 王恕《考经堂记》,《石渠意见拾遗补缺序》以及《石渠意见请问可否书》,收入氏著《王端毅公文集》,1.113–13b, 2.4b–5b, 3.1a–b。

进士之前就已特别留意治国之道。[142] 他还精于开发军用、民用机械。三十多岁时，王徵到北京参加考试，得知清势力已在威胁东北。他上书皇帝建议他向天祷告——显然王徵将天等同于基督教的上帝——并为不可避免的战争做准备。他还向皇帝推荐了和朋友共同发明的各式机器，并主动提出愿为朝廷效劳。[143] 1626 年，他出版了《新制诸器图说》，在其中自豪地向读者展示他在故乡发明并测试过的机器——大部分是农用。[144] 次年，他出版了另一部关于机械学的著作《远西奇器图说》。[145] 但王徵并不满足于单单介绍西学的实用面向，他还出版了几部介绍基督教要义的著作。[146] 简言之，王徵认为应对时代危机的对策是同时推行基督教与机械之学。

虽然王徵因为誓死效忠明朝而受到尊敬，但他的这些提案——尤其是他对异国宗教的热情显然太过另类。他需要频繁地辩争基督教与儒学并不矛盾，以此来捍卫自己立场的境地。[147] 即使如此，后辈学者对是否应当把他纳入关学脉络而颇感为难。[148] 相较而言，思想界总体上更愿意接受李颙提出的将道学与经世之学统一的方案。

李颙与体、用的统一

李颙出身于长安西五十公里的周至县，他不仅是关中思想界的领军人物，也被视作清初最重要的儒学三宗师之一。[149] 17 世纪 40 年代初，李颙年纪尚轻，他的生活和思想却因明朝灾难性的覆亡而发生了

[142] 陈垣《泾阳王徵传》。

[143] 王徵《为奴氛日炽人心动摇敬陈祈天固本简要三事以佐末议揭帖》，氏著《王徵遗著》，第 143–146 页。

[144] 王徵《新制诸器图说》。

[145] 见王徵《远西奇器图说》序。

[146] 陈垣《泾阳王徵传》，第 15 页。

[147] 关于王徵试图融合基督教与儒家的努力，参见宋伯胤《王徵的"天学"与"儒学"》，氏著《明泾阳王徵先生年谱》，第 288–295 页。

[148] 参见，例如刘光蕡为清代晚期《关学编》续编所作的序，收入《烟霞草堂遗书》，2.15b–16a。

[149] 全祖望《二曲先生辨识文》，收入氏著《全祖望集会校集注》，233-38 页。另外两位宗帅是黄宗羲和孙奇逢（1585–1675）。

剧烈变化。1642 年，其父在随明军打击李自成叛乱时在河南被杀，尸骨不存——李颙长年难以在心理上走出这一悲剧。此后李颙由他母亲孤身抚育，并因经济困难被迫放弃正式教育，但他仍然设法学习阅读、写作，渐渐获得了神童的声誉。据说他幼时博览群书、没有特定的关注点。直到 1645 年满十八岁时，他才确信从宋代道学家著作中自己找到了正确的治学门径。[150] 朝代更替显然也在促使李颙聚焦于伦理和社会政治话题方面起到重要作用。正如包安乐（Anne Birdwhistel）的精妙论述指出的：

181

> 　　这一重大变迁在李颙的生命中占据着中心位置：在个人层面他无父——从中国观点的看就是孤儿，并且在文化层面他无君。这一情况影响并塑造了他的社会关系、思想观念以及政治立场。李颙和其他很多人相同，一直保持对明朝的忠诚、从未接受清朝统治的正统性，并且终其一生都因明朝溃败引发的社会、经济和政治问题痛苦不堪。[151]

声誉日著的李颙数次被推荐给新朝，但他拒绝了所有要他仕清的请求。据说他也拒绝回复朝廷官员写来的信。1703 年，他拜访陕西期间，康熙皇帝想见他，李颙以身体状况不佳为由拒绝了召见。康熙帝并未强迫，而是授予李颙一块"操志高洁"的匾。[152]

尽管李颙拒绝出仕，但他仍关心政府的运行。他的著作中包括一部题为"司牧宝鉴"的集子，收录他认为伟大的地方官员的著作，比如真德秀和吕坤（1536—1618）[153]。但他一直对为政之道与道德哲学的分隔感到不满。生活在一个友人——如顾炎武（1613—1682）——越来越批判宋明道学传统中的"哲学"话语，并疾呼复兴学术的实用面向的时代，李颙主要思考的一个问题就是重谈对"体"的认识及实践

[150] 吴怀清《关中三李先生年谱》。
[151] Birdwhistell, *Li Yong*, 20 页。
[152] 吴怀清《关中三李先生年谱》，2.24a, 2.31b-36b。
[153] 李颙《二曲集》，第 366-392 页。

正确的"用":

182

　　　明体而不适于用，便是腐儒；适用而不本于明体，便是霸儒；
　　既不明体，又不适用，徒汩没于辞章记诵之末，便是俗儒：皆非
　　所以语于大学也。[154]

　　李颙在这篇文章中界定了三种不正之学：第一种丢开了用；第二
种删去了体，第三种是科举考试所要求的，体用都忽略了。在他看来
只有《大学》中描述的学才是真正的学。《大学》提出了一个步骤清
晰的治学计划，始于自身道德修养，终于使政府归于正道。李颙显然
把体用理解为《大学》框架中的自我修养与经世两个方面。他相信人
们可以通过两者的统一抓住真正的学之要义。那么，体和用指的究竟
是什么？在他的学生所记的一组课堂笔记《体用全学》中，李颙列出
了一系列可归入"用"的经世类著作。他明确指出：区分"儒"与佛
道之士的是对于"经世"的投入。也正出于此，他斥责了"训诂"一
途。在他看来，儒的首要任务是致力于众人福祉；专注训诂及无价值
的死读书无异于任由自己误入歧途。[155]

　　另一方面，李颙虽然对颜元（1635—1740）和李塨（1659—1733）
领导的所谓颜李学派保持沉默，但在我看来，由于李颙反对宋明道学
传统中"形而上"的方面，他必定不会赞同此派主张的为政之学。就
李颙的观点，颜李学派的主张太霸道，因此它会摧毁"体"。[156] 诚然，
183　关于"体"的部分，李颙推荐的著作来自程朱和陆王学派传统。正如
包安乐的研究所论证的，对李颙来说，"'用'并非指称所有形式的
实践行动……仅仅指由最根本的价值所诱发的那些行动，"[157] 显然李
颙认为根本价值已被从宋到明的大学者们阐述过了。当时训诂学的支
持者们仍然认为自己是程朱之道的忠实追随者，因此也就反对陆王之

---

[154] 李颙《二曲集》，第 401 页。
[155] 李颙《二曲集》，第 366–392 页。
[156] 关于颜李学派的基本哲学立场的讨论，参见杜维明《颜元》。
[157] Birdwhistell, *Li Yong*, 147 页。

学。与 18 世纪推崇"考证学"的人不同，他们并未将从宋到明的传统全盘否定。但李颙仍然批评他们忽略了朱熹对为学的"内""外"两方面都同样关注；因此这些攻击陆王之学对"内"的关注的训诂学者未得要领。也就是说，只有真正掌握学的"内"的面向，即"体"，人们才能真正明白"外"，即"用"。[158]

李颙的体用统一之法受到 17、18 世纪许多杰出士大夫的关注，陈宏谋是其中一位。陈宏谋秉持政治上的积极主动应当始于自我修养，他尤其敬仰李颙是因为在拒绝仕清的诸多伟大人物中，"只有李颙从明朝的崩溃中吸取了教训，即个人道德的提升应当作为研究之重，并由此把体放到了与用同等重要的地位。"[159]

17 世纪 40 年代初期到中期，出身广西的陈宏谋发现了关学，由此终于"找到了他的学术家园"。那正是在他的第一次任陕西巡抚期间，他转变为完全信奉关学理念之人。[160] 在他一生四次任陕西巡抚的整个过程中，他每一次都用尽全力提倡关学。例如他"倾心资助关中书院（李颙翻新的），并直接介入其管理。"[161] 陈宏谋还拜访了王心敬出生的村子——他是李颙最重要的弟子，也写了大量关于哲学和经世之学的著作，[162] 陈宏谋还为王心敬的文集写序，并上书使王心敬的牌位得以放入北京孔庙。此外，陈宏谋还让蚕桑专家杨屾（1699—1749）长期担任他的个人顾问，在陕西推广蚕桑业。陈宏谋在陕西采取的许多积极政策都受到这些关中学者思想的直接影响。[163] 考虑到陈宏谋对关学中体用统一观念的热忱，就可以理解他对考证学的拒斥，因为后者无法获得真知。[164]

通过像陈宏谋这样的官员和本土学者的集体努力，关学一定程度上成为当地主流的学说。到 18 世纪，宣称自己是关学学者的人必须

[158] 李颙《二曲集》，第 126 页。

[159] Rowe, *Saving the World*, p.133.

[160] 同上，第 136 页。

[161] 同上，第 131 页。

[162] 王心敬关于治国之学的著作大部分收入《丰川杂著》，他的其他著作参见文集《丰川全集》。

[163] Rowe, *Saving the World*, p.131.

[164] 同上，第 112–115 页。

同时关注由道学哲学（虽然在程朱或是陆王理学更加"正确"的问题上意见有分歧）定义的"体"，以及在经世之学中置入了伦理哲学、以人民福利为旨归的"用"。这一身份要求，当道学哲学受到攻击时他还应当出来捍卫，同时应该拒绝琐碎的文献学技巧，因为这与道德修养和政府无关。

陈宏谋是以"外来者"的身份来推崇关学。相较而言，陈宏谋的桑蚕顾问杨屾等本地学者则是带着强烈的地方自豪感在为关学呐喊。

杨屾及蚕桑实验

后辈学者中有人试图建立李颙和杨屾思想之间的联系，宣称杨屾是李颙的高徒。[165] 这不太可能，因为李颙去世时杨屾才六岁。更可能的情况是，出身兴平的杨屾是自学成才的学者。即使如此，从杨屾的著作中可以看出，他毫无疑问是在李颙建立的学术语境下进行思考的。杨屾在社会经济事务方面著述甚多，但他一直强调为所有治国方略的探讨找到一个本体论根基的重要性。他认为这一根基是"帝"或"上帝"，[166] 一个意指"经纬天下，俯察人世"的圣君的古老概念。[167] 杨屾所用的"帝"本质上代表了"创造"的本体性根源——为人类关系订立恰当的伦理价值，建立照料每一个人的政治、社会机构的"创造"。因此，对杨屾来说，为学既是学术上的开拓也是实践性的实验；目标是为了理解"帝"的性质和运行，并把所学运用到实践中，设计出能够提升人们福祉的社会工程。正如可预知的，杨屾对科举毫无兴趣——这一制度常被视作学者们追求毫无意义的背诵和过度雕琢的文风的罪魁祸首。和李颙一样，杨屾从未参加考试。

罗威廉论证到杨屾拒绝臣服于考试文化是因为作为关学的领袖人物，他试图避开两股被大部分关学追随者视作污染了江南和其他文化"发达"区域的思想潮流：首先是浅薄的文学涉猎，其次是为了考

---

[165] 参见《兴平县志》中的杨屾传，5a.18b–19a。

[166] 杨屾《知本提纲》，passim。

[167] De Bary 等编，*Sources of Chinese Tradition*, I:5.

试而不假思索的死记硬背。杨屾支持的是道德修养及"治疗"地方社会。[168] 在我看来,杨屾是否是出于地方意识而不参加考试这一点并不清楚,但罗威廉正确地指出了杨屾希望通过"重建"家乡的蚕桑业把关中从对江南的经济依赖中解放出来。[169] 然而,江南并非唯一的阻碍。据陈宏谋所说:

> 陕西为自古蚕桑之地,今日久废弛,绸帛资于江浙,花布来自楚、豫。小民食本不足,而更卖粮食以制衣,宜其家鲜盖藏也。[170]　186

陈宏谋很清楚关中农民的悲惨处境部分是由于蚕桑业失去了经济上的独立。杨屾对此完全同意。在一封收录在他最著名的《豳风广义》中,写给陕西巡抚的信里,杨屾抱怨陕西人民为了换取衣物,必须出口谷物和白银到江苏、浙江、广东、广西、四川、河南等省份;这导致省内贫穷肆虐。[171] 他认为,这一问题的兴起是由于陕西群众不相信当地气候适于蚕桑;因此他举出《诗经·豳风》(豳是位于陕西的一个古国名)中的"历史证据"来证明陕西曾是蚕桑中心,这一美好风俗是在历史进程中逐渐传至南方的。杨屾在文中还引用了一位友人的观察——他在最近一次南行中目睹了南方蚕桑业之发达。朋友告诉他南方田地中种满桑树,织机之声日夜可闻。此外,在南方的风景名胜处还见到了赞颂《豳风》的诗篇,反倒是陕西人自己遗忘了蚕桑之利,竟然被当地不适于蚕桑业的谎言愚弄。[172] 为了获取他人信任,杨屾开始在家乡实验种桑养蚕。

罗威廉认为杨屾关于纺织业的著作"灌注着一种想要重获古代豳地的道德纯洁与独立精神的乡愁式的愿望。"[173] 杨屾的确表达了对当　187

---

[168] Rowe, *Saving the World*, p.236.

[169] 同上。

[170] 陈宏谋的观点是被黄汝成在他为顾炎武《日知录》所集的注释之中引用的,参见《日知录》,10.59。关于从帝国晚期和近代陕西家庭纺织业的衰落的解释,参见史念海《陕西地区蚕桑事业盛衰的变迁》。

[171] 关于此信参见《豳风广义》2b。

[172] 同上,1:1b-2b。

[173] Rowe, *Saving the World*, p.236.

时陕西浮华之风的厌恶，男男女女在无工可做的冬春两季聚在一起，赌博嬉戏。他认为通过引入纺织业，让人们忙碌起来可以解决这样的问题；这将逐渐使人们更加勤劳，善、义与仁的风俗可以重新强化。[174] 然而，杨屾的计划并非仅仅出于怀旧；它同时也是前瞻性的。杨屾坚信陕西是圣王伏羲画八卦、发明汉字的地方，而且这一区域作为理学中心达数个世纪。然而，由于放弃了纺织业，陕西人民陷入穷困、无力负担教育。许多有才能的年轻人因此被迫弃学从商，这就是陕西在文化上变得落后的原因。杨屾相信当下的困境并非陕西的宿命；只要纺织业能够得到重建，陕西的文化会再次发达。[175] 因此，他把经济独立看作是解决陕西面临的所有问题的基本对策，但他所追求的并非与帝国其他部分隔绝。相反，杨屾在寻找途径以帮助家乡在经济和文化上赶上其他地区。

杨屾的例子证明了虽然关学的实行者们把关学看作一种普遍成立的、儒学的一种"正确"版本，但关学也逐渐被呈现为一种可以"正"关中风俗的地方思想学派，因为人们认为关中风俗由于不得不屈从于更"发达"地区的影响已经败坏。杨屾基本上是从经济角度来考虑这个问题的，其他一些关学学者则是转向了文化因素，试图阻止其他区域对关中的文化入侵，李元春（1769—1854）就是一例。

188 **李元春与对考据学的排斥**

李元春生在朝邑县，他的家庭在族中地位很低。他是以文学知而闻名的当地学者李楷（1624年举人）的后裔。其父曾是诸生，后来成为商人。据说李元春从小就好学，在听到村学中的学生的吟诵后请求母亲让他上学，母亲欣然答应。李元春19岁时通过乡试，但当他进京参加会试时，却没有取得成功。经过九次尝试后，他最终在四十多岁时放弃了科举。[176]

---

[174] 杨屾书，收入氏著《豳风广义》，8a–9a。

[175] 同上，7b–8a。

[176]《关学编》，第116–117页。

　　李元春曾回忆说,父亲在临终前特别敦促他在程朱派学说之外也要学习宋朝三苏的著作。[177] 李元春也承认三苏的著述构成了他写作的主要灵感来源。[178] 他对历史也颇感兴趣,并写了一些可以被归入笔记类的著作。[179] 总之,李元春证明了他的博学。从他所写的关于地方文化的诸多作品来看,李元春显然相信关中文化非常广博,足以容纳各种士人之学。除了出版《关中两朝文抄诗抄》等集子外,他还写了两篇长赋,一篇关于他的家乡,一篇关于整个陕西省,他在其中自豪地介绍了学术归属各异的杰出关中学者,大部分来自明清时期。[180]

　　然而,李元春最终投身的还是关学。1830 年,他将关学传统中的四部书编成题为《关中道脉四种书》的文集,包括:《张子释要》,《关中四先生要语录》,《关中三先生要语录》以及冯从吾的《关学编》。[181] 李元春在一篇讨论学术正误的"论"中,以申明学的目的在于"明其理而履其事"开篇,接着谈到古代学生在小学时学习洒扫应对等日常活动和好的品行,在"大学"里学习《大学》中列出的步骤清晰的、进行自我修养和治国的计划。这原本很容易遵行,但自战国以来,学习变得破碎且混淆,不仅异端之学横行,即使"吾儒"的学术也变得分裂:有"记诵"之学,有文章之学——二者对参加科举都很重要——还有陆王之学。近来考证之学吸引了很多学者。李元春断定这些都是不正确的,并且绝不可以与程朱学派的正确的学术相比肩。[182]

189

　　李元春对考证之学的攻击值得深入讨论,因为这是一个关于晚期中华帝国的区域主义（regionalism）如何影响学术传播的有趣案例。艾尔曼已向我们展现,无论考证运动如何成功,它基本上是一个江南的现象,其他地区的学术群体更多地采取排斥态度。[183] 关中的情况印

[177] 李元春《先严文学公行状》,收入《时斋文集》,9.38b–43a,特别是 42b.

[178] 李元春《赠雷省斋序》,《时斋文集》,7.4b–7a。

[179] 参见,例如李元春《轶文散录》。

[180] 李元春《梓里赋》和《秦赋》,《时斋文集》,10.7b–16b, 10.16b–39a。

[181] 李元春《关中道脉四种书》。

[182] 李元春《学术是非论》,《时斋文集》,2.1a–3b。

[183] Elman, *From Philosophy to Philology*, 尤其是 7–13 页。

证了这一点。17 世纪，李因笃（1631—1692）等关中学者对考证之学极有兴趣，并写出了历史语言学方面的著作。[184] 还有一位叫褚峻（生卒年不详）的人，他的金石学著作（褚峻的序写于 1736 年）广为人知并且收入了《四库全书》。[185] 但一般而言，关中学者对这些课题的兴趣较为零散，考证之学仅仅在 18 世纪晚期由于毕沅的支持才进入了这个区域。从 1773 年到 1785 年，毕沅在担任陕西巡抚期间邀请了包括孙星衍（1753—1818）、钱坫（1744—1806）和洪亮吉（1746—1809）在内的江南考证学者到其陕西的幕府，帮助他编纂地方历史和地理书籍。他们一同完成了几个州县的方志，毕沅本人也撰写了著名的历史地理著作，例如《关中胜迹图志》和《关中金石记》。[186] 1780年代初，毕沅请了两位大考证学家卢文弨（1717—1796）和钱大昕（1728—1804）为《关中金石记》作序，而卢文弨在序中承认他从未到过关中。[187] 1787 年，已经转任河南巡抚的毕沅又一次编辑并重新出版北宋的《长安志》；他送了一本给考证学的领军学者王鸣盛（1722—1798）并请他作序。[188]

从毕沅为他的关中地理历史项目多次寻求江南考证学者作序看来，显然他所期待的读者是对考证学感兴趣的学者，而非陕西学者。这些著作原本是区域性的，但现在通过毕沅及其资助的考证学者的重塑，便可以应对"跨区域"读者的趣味，而这些书的价值也必须以考证学标准来衡量。例如，在洪亮吉为陕西中部的淳化县县志所写的序中，他对由本地学者韩邦靖（1488—1523，韩邦奇之弟）和康海在明中期编纂的《朝邑县志》和《武功县志》表达了不满。洪亮吉认为这两部县志无法令人满意，因为编者们没有"师古"；他们的撰写太草率，并且遗漏了关于人工和自然风景的很多必要细节。而洪亮吉宣称他作序的这部县志是根据"昔贤"设定的标准撰写的，因此并未

---

[184] 参见，例如李因笃《韩诗音注》及氏著《古音韵考》。

[185] 褚峻《金石经眼录》。

[186] 高峰《陕西方志考》，第 8 页，Hummel, *Eminent Chinese of the Ch'ing Period*, 第 373-375 页，第 622-625 页，第 675-677 页。

[187] 参见卢文弨和钱大昕的序，毕沅《关中金石记》。

[188] 见王鸣盛序，宋敏求《长安志》。

求异。[189]

孙星衍以令人惊异的相似口吻批评了朝邑和武功两部县志一味追求简省。他坚信修志的目的是"以考究存文献"，但这两部明代方志没有做到。因此，孙星衍表明在为邠州修志时，他试图避免这样的错误。[190] 洪亮吉和孙星衍的观点呼应了毕沅，毕沅批评韩邦靖修的《朝邑县志》过于简略，而康海把系于晋朝（265—420）才女苏蕙（生卒年不详）名下的回文诗不恰当地放在了武功县志的开头。[191]

毕沅、洪亮吉和孙星衍在质疑韩邦靖与康海所修方志的权威时，事实上是在挑战关中的士人传统。随着国家的干涉，实质上考据学者主导了界定关中历史的渠道。这一发展激怒了一些以地方为着眼点的学者，比如李元春，他立即开始为康海和韩邦靖辩护。为了阐发自己的立场，李元春晚年为家乡朝邑重修了一版县志，在其中用了很长篇幅来清算考证学者的错误。他在为《志例》所写的《补记》中开篇就宣称原本他无意修新版，因为当初由本地学者韩邦靖、后来万历期间的王学谟（1553 年进士）所修的明代方志已经立下了极高的标准。再后来康熙年间有一部新版县志，李元春宣称那是基于他的先祖李楷的手稿。最后是乾隆年间的最新版，李元春将这一版县志归于湘潭人、知县朱廷模（1760 年举人）的名下，但指出其中错误百出： 192

> 【朱志印行】予时已有，知主笔者非邑人，事不尽谙，参校不详。亦不能画一，且志现在之人非例，故乖舛殊甚，不欲继也。[192]（楷体为笔者所加）

李元春表明像地方志这样的著作必须由当地人来完成，因为作为"局内人"，他们更加熟悉地方事务。也就是说，在他看来"局外人"

---

[189] 洪亮吉《淳化县志叙录十八首》，收入氏著《洪亮吉集》，第 271–273 页。

[190] 孙星衍《邠州志序》，收入氏著《问字堂集》，4.6b–8b，收入孙星衍《孙渊如先生全集》。

[191] 毕沅《三水县志》序。参见 Idema 和 Grant, *The Red Brush*，第 127–131 页对苏蕙传说的精彩记述。

[192]《朝邑县志》中《志例后录》的"补记"，1a。

在这些方面不该凌驾于当地人的权威之上。

朱廷模虽是外来者，但他并非李元春的攻击目标。那么，谁是"局外人"，他们的观点有何谬误？下面李元春点明了他真正的目标：

> 朱志纂述，出嘉定钱君坫，时在毕秋帆中丞[193]署，同幕皆名宿，以考据之学作志，徒矜博见，殊非志体。省志亦然。[194]

如前所述，钱坫是毕沅邀请至陕西的江南考证学者中的一员。考证学者们对当地学者编纂的明代陕西方志持批判态度，包括《朝邑县志》。他们普遍持有的观点是这些明代方志过于简略。因此，钱坫修志时大大增加了长度。李元春指出，钱坫加入了很多明代版本中没有的、关于历史地标的条目，并且他对一些地标的具体定位与明代版本相去甚远。李元春指出，经过自己的调查，虽然对某些位置仍不确定，但其他的例子显示明本方志更加可靠。李元春的评论所暗含的意味是：虽然考证学者通常对其学术的精确性非常自信，但那并非完全可靠的。李元春甚至指出了毕沅金石著作中的一些错误，明言这些错误揭示了考证学者的学术纰漏。[195]

即使如此，李元春仍然承认两部清代县志也有其贡献，因为有些条目对明代版本有补充作用。只是他坚持明代编者立下的原则不该摒弃，尤其是关于"劝惩"的目标。[196]在李元春看来，修方志从来就不该是一项仅为展现渊博学识的学术工作，而是传递道德价值的媒介，而且他相信只有程朱理学可以提供正确的价值。他自己着手编纂时，在"艺文"部分，他收录了几部以反驳陆王学派和考证学者来捍卫程朱道学的作品。[197]通过将自己的责难放入一部关于地方历史的著作的框架中，李元春向那些试图抗拒将人引入歧途的学术的威胁，并保护

---

[193] 正如贺凯（Charles Hucker）（在 *Dictionary of Official Titles in Imperial China*, p. 464 中）指出的，"中丞"这一概念在明清时期常被用于指称巡抚。

[194]《朝邑县志》中《志例后录》的"补记"。

[195] 同上，4b-5b。

[196] 同上，20b。

[197] 同上，3.14a-b。

当地道学的优良传统的读者们诉说：他们应当排斥关于心性和良知的"空"论，因为这否定了具体切实地"学"与"为"的重要性；也应该反对琐碎的考证方法，因为那与道德性命之学无关。

当李元春在误导性学术的威胁下为有益的地方传统辩护时，他同时也在积极提升并重新界定这一传统。他为冯从吾《关学编》作了续编，并在关学谱系中加入了二十位学者（包括冯从吾）。其中包括张载的学生游世雄（第二章中提及）。李元春猜测冯从吾删去游世雄是因为他的政治成就超越了学术。但李元春断定政治成就也必定是基于学术的，因此他决定把游世雄纳入关学谱系。[198] 显然李元春并不满意冯从吾的非政治化标准。他认为游世雄是能够统一体用之人——这也反映出他本人对何为"正确"之学的判断。

对下一代关学学者来说，"统一体用"这一关学前设一直位于他们努力目标之首。然而，他们也面临一个李元春在 1854 年去世之前开始察觉，但并未直接面对的新挑战：日渐凸显的西方的存在。19 世纪晚期，当刘光蕡（1843—1903）成为关中学术群体的领袖人物时，他需要面对的最迫切的问题就是在西方威胁之下国家主权的丧失。刘光蕡当然不是孤军奋战——他的同代人都面临着同样的问题——但他值得研究，因为他试图用自己的关中经验来拯救国家。他的尝试让我们得以检视晚清民族主义的传播是如何受区域动态影响的。

刘光蕡：从西北重振中华

刘光蕡通常以刘古愚为人所知，他出生在陕西中部咸阳一个在宗族中地位很低的家庭。1875 年，他通过了乡试，但在次年的会试中落榜——这是他第一次，也是唯一一次参加科举。之后的二十年间，他在陕西和甘肃的几个著名书院担任院长，并在将西学引入课程发面发挥了关键作用。1894 年的中日战争促使他考虑更加积极地参与政治，他成了康有为（1858—1927）及其改良理想的热情支持

194

---

[198] 李元春序《关学编》，第 67 页。

者——虽然二人从未会面。刘光蕡开始在陕西介绍康有为的思想，他还把学生送到北京和上海去结识杰出的变法人士。然而，1898 年"百日维新"的失败使他的这些努力猝然终止。刘光蕡受到牵连并面临被捕，由于陕甘总督的介入才得到释放。这一事件之后，刘光蕡大部分时间都在自己的私人书院教学，并生活在相对隔绝的状态。195 1903 年，他受邀担任甘肃新建的西式"大学堂"的校长，他在那里教书，半年后意外去世。[199]

　　一些当代学者认为刘光蕡根本上是一位保守人物，虽然他强烈地意识到改革的必要，但他大部分生涯都被隔绝在关中地区，并且无法脱离中国传统。也有人认为他是一位联通了关中与更广大的世界的进步思想家和活动家。[200] 对我的研究来说用"保守 / 进步"这一二分法来衡量历史人物恐怕益处甚微；更好的办法是结合这两种观点以获得这位——在一个西方成为主导力量的时代——尝试提出他对"中国性"的理解的地方人士的剪影。刘光蕡坚持认为解决当时危机的唯一办法是学习经学的精华并投入实践，而非盲目寻求西方的药方。

　　那么，经典之学的精髓要到何处寻找？当然可以在古代文献中找，但刘光蕡宣称还可以在陕西学者杨屾的著作中找到。刘光蕡为杨屾的《修齐直指》——杨屾试图为外行人士解释作为本体论根源的"帝"、伦理、政治以及社会经济工程间关联的简短文章——做了评注。刘光蕡赞扬杨屾"自天人性命之旨，以逮农桑礼乐"。[201] 在刘光蕡看来这是关学中最杰出的著作，并且杨屾绝对堪称李颙学说的继承人。[202] 换句话说，刘光蕡为他眼中的国家顽疾开了一剂关学的解药。刘光蕡因此与杨屾有很多共同的志向，包括复兴地方风俗等。1896 年，刘光蕡建立复邠学会，后来发展为陕西中部几个不同地方的私立的义196 学。根据古时传说，古代邠国的创建者是公刘，他是圣君后稷的后裔、周代皇族的先祖。刘光蕡将学会的目标定义为"复"邠，即和杨

---

[199] 参见张鹏一《刘古愚年谱》多处，张鹏一是刘光蕡的学生，这部年谱写于 1939 年。

[200] 刘宝才《清末关中今文经学家刘古愚》；方光华等《关学及其著述》，第 198-212 页。

[201] 见刘光蕡的"总评"，氏著《修齐直指评》，1a。

[202] 同上，1a-b。

屾相同，致力于借由对古代邠国风俗的理想化描绘而唤起一种对该区域的骄傲之感。刘光蕡在一首庆祝发明纺织机和挖井机的诗中，将邠国风俗与人们的幸福相连：

> 邠风何日复？海水几时枯？
> 纺织原实业，农桑岂霸图。
> 黎民常苦旱，红女叹无襦。
> 所学惟衣食，安分陆与朱。[203]

诗的末句对陆九渊和朱熹别扭的引用表明，在刘光蕡的学术视野中，关学非常关注以下两个问题：其一，程朱、陆王之争；其二，如何将道德哲学（体）运用于实际事物（用）。刘光蕡想要传递这样的信息：一个学者最重要的任务是满足普通群众的需求。而古代邠国的风俗构成了所有学者——无论他的学术取向为何——得以服务于民生的根基。

"邠风"一词有两层含义，既可指邠州之风俗，也可指《诗经》中的"邠风"一章。显然刘光蕡有意包含两者。他这样解释以"复邠"命名义学的原因：

197

> 学名复邠，起于甲午后。盖欲救中国之贫弱，非合士农工商为一不可也。周世有狄患，周之兴乃在《七月》一诗。邠之风俗、邠公之政、邠民之学为之也。今各学均名复邠，凡与义学诸君，均需心存此意，必使吾乡风俗复如邠风之旧，庶不负含羞忍辱、犯难兴讼一番苦心。[204]

《七月》是"豳风"中的一首诗。它详细记述了豳人的生活以及农业活动，包括农耕、蚕桑和养殖。刘光蕡相信这是对于君王慈爱、

---

[203] 刘光蕡《朱纯一司训创造纺车取水机器有成喜而赋此即以留别五首》，收入《烟霞草堂遗书》，10.4b。
[204] 刘光蕡《义学章程并序》，收入《烟霞草堂遗书》，9.23a。

民众诚信勤劳的古代陕西的真实写照。周朝继承了这一优良传统并因此一再抵御蛮族侵袭，获得前所未有的辉煌。考虑到 19 世纪晚期的大背景，显然刘光蕡是在用周代类比他所处的时代。在一封写给推动建立上海农学会的两位核心蒋斧（活跃于 1896—1909 年间）和罗叔蕴（1866—1940）的信中，他解释了身为陕西人，他是如何能够理解二人提升农业的重要性：

198

> 陕为周之故都，周故世有戎患而以农立国者也，失稷不务则沦于戎狄，好货同民则克笃前烈，至《七月》、《无逸》作于周公，孟子谓其能'膺狄戎，惩荆舒'矣。今之外洋逼我中国，何异太王之世？[205]

周代和清朝都受到"戎狄"威胁，但周代因为找到制约蛮族的正确方法而幸存并繁荣发展。如果中国想要幸存于当前的外国入侵，它必须学习周代的经验。此处刘光蕡针对国家面临的难题提出了地方遗产作为对策：周之道即陕西之道。为了构建一个更强大的中国，必须复兴古代陕西对待"戎狄"之法。

陕西之道如何复兴？刘光蕡同意蒋斧和罗叔蕴的观点：通过推动农业研究来达成。他从最敬佩的杨屾那里获得启发，同时主张复兴必须包括一个提升陕西蚕桑业和纺织品生产的完善计划。刘光蕡不仅编辑了涉及蚕桑业的著作，比如刘清藜（1664—1709）的《蚕桑备要》，他自己也写了一部，名为《养蚕歌括》。为了与西方蒸汽动力的织机相匹敌，他甚至尝试过发明人工纺纱和织布机器。虽然没能成功，但当听说寿阳（位于邻近省份山西）有人做成这样的机器，他大喜过望并写信给寿阳知县，要求他把样机，连同几位能够操作的技工一同送到陕西，还许诺承担制造和运输的所有费用。[206]

1896 年，刘光蕡提出在陕西设立纺织品生产监管机构的计划。他

---

[205] 张鹏一《刘古愚年谱》，第 131 页。
[206] 同上，110，第 127–128 页。

特地命他的学生出访上海、湖北、武昌以实现这样以下的目的:了解纺织生产的过程;游说居于外地的陕西官员和商人,获得他们支持;购买器械,雇佣能够操作的外国指导人员;购买关于西学的书籍报纸。刘光蕡构想的这趟旅行目的不仅仅是提高纺织业产量,更重要的是"讲求时务,练习人才,为陕士开风气。"[207] 参与这次实地考察的一位学生陈涛在十多年后回忆到,刘光蕡的最终关怀:对内,把陕西从对湖北等其他地区的依赖中解放出来;对外,从对西方布料供应的依赖中解放。[208] 的确,刘光蕡在为纺织局写的章程中清楚指出他采取"输入代替"的方法来提升陕西的织布产量。也就是说:陕西出产的纺织品将主要用于本地消费,这样当地人就不必依赖输入产品来满足他们的需求。这种对当地人福祉的关心在 18 世纪曾驱使杨屾推动蚕桑业的发展,但对此时的刘光蕡来说,这已成为事关全国存亡的大事。

甲午中日战争后,中国被迫与日本签订不平等条约,这为日本在中国制造和销售纺织品以避免关税开了方便之门。刘光蕡很担心若对此袖手旁观,中国的工业将被摧毁,并且将来必须依赖日本获得纺织品。对他来说这几乎就等于放弃主权。刘光蕡在写给学生的一封信中指出纺织品的利润前景巨大,但许多地方的生产已经被外国人把持,沿海区域尤甚。只有在少数内陆省份——湖南,山西,山西和甘肃——外国力量尚未渗透,中国还可以在纺织生产中获利。因此,他表示投资陕西纺织生产是一种为朝廷保留一片"干净"之土的方法,一个不受外国人"窥伺"的基地,而令中国重新富强的使命可以从此起航。[209]

刘光蕡推动蚕桑业和纺织生产显然是受到陕西当时所处的特定困境的影响。这促使刘光蕡把数世纪来一直被视作陕西最迫切任务之一的纺织工业单独挑出来,作为帮助中国更好地掌控自己经济的最重要的工具。我们在这个例子中看到的是"地方考量"与"国家考量"的复杂互动。更确切地说,刘光蕡坚信由于纺织业欠发达而导致的经济

199

200

---

[207] 刘光蕡《南行诫约》,收入《烟霞草堂遗书》,9.11a。

[208] 陈涛《南馆文抄》,41a-b。

[209] 刘光蕡《与门人李梦符书》,收入《烟霞草堂遗书》,5.18a-19a。

依赖——这一反复出现的地方问题——正由于外国侵略而恶化，并已成为一个国家性问题。因此，解决这一危机不仅能够将陕西省从对外省进口产品的过度依赖中解放出来，还能够使整个国家走出困境。刘光蕡的目光既是国家的又同时是地方的，而且他并未觉得二者相互排斥。

和他同时代的许多人一样，刘光蕡相信中国人若要在这个新时代幸存，改革是必须的。但对他来说改革并不意味着与传统断绝。他的改革计划是以过去关中的杰出人士们处理过的事物为依据的。换句话说，刘光蕡的提案从应对西方的意义上来说是"现代"的，但由于它也是被明清时代逐渐成形的关学前设塑造的，因而同时是"传统"的。

1903 年，刘光蕡意外死亡时，古老的清朝帝国秩序正在土崩瓦解。1905 年科举的废除和 1911 年清朝的灭亡突然终结了关学的发展。随着帝国体系的崩塌，士阶层逐渐淡出历史舞台，而那些困扰关学学者数个世纪的问题对新的知识阶层不再重要，他们所面临的是民国时期一系列的新问题。

对关中士人来说，帝国的最后一个帝制阶段——明清时期——是一个"文艺复兴"的时代。在自然和人为灾害导致的危机之下，优待性国家政策带来的新机遇以及商业创造的新财富使得精英家庭得以拥有繁荣并绵延长久。在金元漫长的"黑暗时代"之后，我们见证了多种多样的士人活动的迅猛增长，其中新儒家的道学吸引了最多的参与者。所有的学派——无论其学术倾向如何，都必须回应道学的主张。15 世纪中期，这一运动随着一个与薛瑄群体紧密相连的学术共同体的形成而开始，但直到 16 世纪早期，这个共同体才通过凸显与张载的关系而缓慢建立其地方性认同。根据人们的不同立场，张载可被视作一位正统的道学家，或是提出了有别于程氏兄弟和朱熹学说的独立思想家。16 世纪的关中学者对此没有共识，我们也看到，来自道学和道学之外的学术体系的学者们都使用张载遗产来达到各自的目的。当冯从吾在 1600 年左右出现，构建一个关学传统时，他极具创造性地将张载提升至关学鼻祖的地位, 但他为关学注入的内容却并非张载的独特学说, 而是牵涉到程朱和陆王理学论争的议题。经由冯从吾, 关学发展为一个具有地区性但无特定学说身份的学术"派别"。随后, 关学的学说部分在清代李颙及其追随者那里得到阐释并发展, 同时强调"体"和"用"。

关学的诞生主要是地方意识兴起的结果, 但同时也被本书中讨论的"官方 / 非官方"、"中央 / 区域"间互动关系所塑造。最初, 道学社群的形成证实了关中士人中"公共意识"的出现。虽然道学在政府的支持下已经获得正统地位, 但这并未减少这个群体的"非官方"性质, 并且, 这一"非官方"平台连同地方主义的兴起, 通常都是在当地语境下得到解释的。当冯从吾主张地方志应该用于记录无官职, 但道学修养足以成为他人楷模的当地人物的言行之时, 他是在强调"非官方"渠道在定义地方文化方面的重要性。即使是那些并未特意接受道学前设的学者, 他们也仍诉诸这一学术公共社群来挑战国家对程朱理学正统的神圣化。例如, 王恕就对国家试图界定学术是非并要求学者听从表达了不满。他呼吁同道学者们通过公共讨论来思考程朱学派对儒家经典所作注疏的正确性。

然而, "非官方"空间的扩展并未导致国家的退出。相反, 国家通过其地方代理努力参与对地方文化的塑造。最为积极的例子是毕沅, 他试图将考证学派注入当地学术图景。事实上, 毕沅在编纂地方志和其他历史地理著作时推崇考证技巧并不仅仅是为国家代言; 他更感兴趣的是应对所属的江南学术群体的学术关怀。即便如此, 当毕沅希望通过官方途径来实现这一目标时, 他被很多学者看作试图利用国家力量来削弱当地文化的外来者。李元春重修《朝邑县志》实际上宣告了此前毕沅在官方支持下修撰的版本是一次失败的尝试, 因为当地官员并未提升本土文化, 反而将其边缘化了。大部分明清关中学者都认为一个强有力的地区政府应当以地方利益支持者的立场来采取行动, 并且应该资助由本土士人界定的地方文化。通常, 地方官员们也接受这一观点, 他们在修建"讲学"的书院、资助出版地方志和其他当地士人著作以及提升关学方面扮演了主要角色。在这个过程中, 他们作为公共学者的角色叠加于他们作为朝廷代言人的角色。当地人在衡量官员为官成败时，通常依据的并非是他们完成国家命令的能力，而是他们是否致力于地方利益。

总之，在这一时期关中士人中，我们看到的几乎是金元时期的对立面：地方意识与公共精神的兴起，以及对朝廷中心主义的排斥。关中作为一个无关紧要的地区，士人以官职和朝廷为中心的"黑暗时代"已被士人文化兴盛的时代所接替。这一时代一直延续到帝国的最后时日。

结　论

在举足轻重的唐宋变革之后，在南方兴起的同时，北方究竟发生了什么？现有的研究较少触及这个问题。韩明士及其他学者所描述的12世纪以来南方精英地方化的兴起是否也发生在北方？正是带着这些问题，我决定着手研究一个已被清晰界定的区域。而关中因其往昔的辉煌和唐以降所谓的可悲境况进入了我的视野。对相关材料所作的初步爬梳很快就使我坚信：与关中被国家忽略这一已有观念相反，这个区域事实上因其战略地位一直受到重视，并得到国家相当可观的支持以促其发展。[1]同时我也发现，那幅由现代民族主义话语提供的、关于唐代以后关中一直处于衰落状况的可悲画面与众多史料中描绘的关中相抵牾。然而我也很快意识到，连"关中"这个概念本身也是一种可以受到挑战的建构。在为关中书写一部历史之前，我们需要先厘清：　204我们谈论的是谁的关中？对此本研究所持的观点是：关中这一身份认同一直是士人的构建；士人们一直试图通过书写让我们相信关中的重要（或者不重要）。因此，为关中写史很大程度上是写士人如何表现关中的历史。无需赘言，士人这个特权阶层的成员如何展现关中，是与他们的经历密切相关的。在此我们做一个简要概括：从五代到北宋，关中士人经历了一个"新的起点"。跻身特权阶层的门径不再由家世

---

[1] 例如，Eduard Vermeer（*Economic Development in Provincial China*，第185页）认为，那些在长安904年的毁灭后陷入后无人修护局面的运河渠道在一千年以后才重新复苏。情况并不是这样的。虽然在唐以后关中再也没有获得作为首善之都那样对于全国至关重要的地位，对于为了治水而进行的沟渠运河的修建和维护仍然一直出现在各个政府的议程之上。

决定，而是通过学识与教育获得。当然，即使从理论上说，每个个体都需要凭借个人努力攀上成功的阶梯，但一个成功的家族仍然更容易培养出日后成功的子弟。在这个阶段，我们开始看到一些大家族的出现，他们利用关中特殊的条件来保持其显赫地位世代相传。然而，金元时期各政权间的频繁大规模战争彻底摧毁了这些精英家族的政治和经济根基，并导致其消亡。这一时期，那些突然发达的新晋精英家庭往往很快就会湮没无闻。到了明清时期，新的强有力的大家族在国家有利政策的支持与繁荣的商品经济形势下崛起，其中有些到民国时期还一直保持显耀，并成功地培养出享誉全国的官员和学者。对于士人来说，这个时期就像一个漫长的"黑暗时代"之后的"文艺复兴"。

与他们社会经历的变化相伴，士人对关中在帝国中地位的认知也在演变。五代至北宋的有限资料中，几乎没有把关中视作一个独特的、拥有自身文化传统的区域的意识。当时的士人群体——11世纪中叶在张载的带领下形成——关注的焦点是如何构建一种整合国家、社会与个人的理想政治秩序。从关中士人的观点来看，"官方"和"非官方"之间的健康关系是"非官方"的精英从"官方"获得支持以管理地方社会。这一立场与当时新政支持者们的观点大相径庭，后者希望建立一个强有力的、渗透社会每个角落的政府，不给"非官员"的精英留有任何独立运作的空间。同时这一立场也与一些南宋士人的观点不同，他们认为没有政府干预的社会会运行得更好。

总体看来，这一时期的关中士人把"官方"与"非官方"看作一个有机系统中紧密相连的两部分。这意味着"非官方"的士人应当被纳入地方政府，而地方政府应当拥有更大的自主权来管理当地社会。有人甚至提议地方政府官员应当被允许终身任职。他们论证说这将大大提升地方政府在管理如关中这样的边疆区域时的灵活性和有效性。

关中士人认为政府的实际职能应当下放，以有效应对各个地方的特定情况。然而，总体来说他们仍然致力于让朝廷掌握最高权威。例如在构建一套任命地方官员的规程时，他们并没有如顾炎武等清初学者那样考虑世袭官职，而是坚持由朝廷来做最后决定。

然而，由于金人入侵后张载学派式微，这一早期倾向被打乱了。

总体来看，北方的士人文化直到 1190 年以后才得以复兴。由于这一时段关中材料的缺乏，追寻当时士人的活动极其困难，但是我们知道这一时期文学是士人文化的主要构成。因为元好问《中州集》的关系，我们得知第一代可确定身份的金代关中士人主要是诗人。到了 13 世纪，当士人在更广阔的领域内探索开展文化活动时，士人文化开始呈现出一定的多样性。13 世纪后半叶，新儒家的道学成为强有力的思想潮流。但这一道学并非承续张载学派。元代的关中道学家由于与许衡的紧密关联而全心全意地奉程朱理学为正统。

张载并没有被遗忘，但他的学说仅仅被视作主流程朱学说的一部分，不具有独立学说的地位。张载来自关中这一事实并未让道学学者们感到自身与张载有任何特殊联系。相反，他们试图在全国层面参与道学，并不认为有强调他们地方身份认同的必要。这与金元时期关中的总体趋势相一致：当时的关中士人很少撰写关于本土的历史或地理的著作。在当时出现的有限几部涉及作为地区的关中的文本中，作者也只是强调王朝的过往，集中于关中作为前代首都这一事实。关中作为一个区域与士人的自我界定并不相关。

这一时期士人的取向是"官方"至上的，很多人以进入官僚系统为最高目标。令人有些意外的是，因为这些士人倾向于采取巩固他们在地方权力的策略，他们显然也是地方上一些"非官方"空间的领导者。也有一些人拒绝被举荐出仕，就因为朝廷对推广道学理念不热衷，比如道学家萧斠和同恕。当朝廷表示会考虑以道学方案来治理国家时，他们便很好地利用了出仕的机遇。

再者，虽然士人们并不认为君主能够采纳道学，他们也并未诉诸地方学术传统或者通过建立一个体制化的士人社群来挑战朝廷。他们认为，在朝廷无道时唯一保持道统的方法是求诸有道之人。然而，这些个人必须作为个体，而非通过任何形式的、在政府以外的社会机构来行动。社会机构只能由政府直接掌管或者在政府允许的情况下运行。因此，朝廷在这一时期的士人文化中占据中心地位，士人也是以朝廷为中心的。他们视地方政府为中央政府的延伸。虽然士人敏锐地感知到中央和地方之间的张力，但他们仍然相信国家应当始终作为一个不加区隔的整体。因此，他们对有可能威胁中央权威的、任何形式的地方力量都毫不同情，并且严正警告乡人不要犯此谬误。

道学兴盛并占据士人文化中心的明清时代则几乎是上面所述情形的反面。虽然道学在明初已获得官方支持，但15世纪中叶，在关中形成的、以谈论道学为核心的学者群体在本质上仍然是"非官方"的。这个群体中的成员分享着一种强烈的公共意识（public-spiritedness）。这个群体与薛瑄群体有紧密的联系，但独特的关中身份认同尚未形成。到16世纪早期，拥有地方身份认同对关中士人开始变得重要。此时张载的重要性被提升到了前所未有的高度。在本书的讨论中我们已经看到，张载及其弟子的学说不仅仅被看作程朱传统的一部分，更是一套拥有自身特色的思想体系。这一时期，道学圈子内外的关中士人都把自己看作是当地"传统"的承接者和延续者。到16世纪末期，冯从吾创建了一个关学"学派"，其历史可以囊括过往所有的关中道学学者。到了清代，一些名声显赫的学者试图为关学提供一系列特定的学说。他们将道学的道德哲学与为政之道融合，并区别于其他区域的学派。至此，关学已成为这些学者引以为豪的源泉。

这一时期的关中士人对政府的看法也和前代士人大相径庭。他们不仅不再视地方政府为中央权力的延伸，而且也拒绝接受地方官员只是中央政府的代理人的看法。他们认为地方官员同样可以代表地方利益——地方官员通常也接受这一立场。他们常常要完成的一项"工作"是通过出版地方士人的文章来推广地方文化。这显然是地方官员为了与当地士人建立良好关系而做出的努力。考虑到这一时期关中的最上层精英中包括一些极具影响力的大臣，地方官员的这一做法毫不令人惊讶。

208　　当我们把关中放置于更大的背景——"中国"这一整体中时，关中的共通性与特殊性便得以呈现。正如我们所见，12世纪以来，关中士人在人生策略的选择上有了转变：他们居住在本土，婚娶于斯，构建当地社交网络，并通过各种"非官方"方式形成在当地的影响力。这一转变呼应着韩明士及其他学者所观察到的发生在南方多地的转变。因此，虽然关中由外来政权统治的时段更长，但当时发生在南方的历史潮流同样在关中呈现。韩明士和谢康伦在 *Ordering the world* 一书的《前言》中提出：南方士人持有的许多以地方为本的社会和政治思想都可以置于这一历史潮流中来理解。[2]

根植于地方的策略是否会鼓励精英们超越国家来考虑问题呢？按常识来说，答案是肯定的。但关中的经验违背了这种"常识"。在金元时期，关中士人们即使在追求与南方士人群体相似的策略时，依然坚持以国家为本。原因很简单：面对其他社会群体的挑战，关中士人无法一直保持他们在官僚系统中的位置，因此需要寻求其他途径来维持其精英地位。同时，由于手头可掌控的资源有限，他们必须依靠国家给予其地位以官方认可。因此，他们把国家视作不可或缺的根本。

与南方相比，关中的情况在此表现出非典型性，这再次提醒我们那个有些老生常谈却很切实的观点：我们要反对从地方性研究中得出关于中国历史的高度普适性结论的倾向。研究地方史的学者们总是会面临"典型性"的问题——这是可以预见到的。当一位学者表示某一特定地区的历史——比如湘湖——"能教给我们很多关于中国人、中国社会、它的过去和现在的东西，"并且"由于此湖的漫长历史，我们得以思考几个世纪以来中国人对于生命、社会和自然的看法的延续性问题"[3]时，我们要如何看待呢？断定一个地区的特定经验可以代表宏大的"中国意识"或者"中国式的生活方式"，这当然有以偏概全的危险。就关中的例子来说，我们甚至都不能声称关中代表了中国北方的普遍情况，更不用说全"中国"了。然而这样的结论又必须被严肃地对待，因为它也提醒我们：地方研究如果脱离了置身其中的那个整体——无论是国家、政府还是帝国——也同样是有问题的。即使在中国分为几个政权的时代，一种对于共同历史和文化的信念仍是人们寻求构建世界观的最重要符号之一。在我看来，从地方角度书写历史的优势在于，它给予我们一个前提，让我们得以在微观层面考察一套

209

---

[2] 编者前言，韩明士和 Schirokauer, *Ordering the World*，特别是第 5–31 页。

[3] 见作者前言，R. Keith Schoppa（萧邦齐），*Song Full of Tears*（译者注：此书中译本题为《九个世纪的悲歌：湘湖地区社会变迁研究》），第 xi–xii 页。

共享的象征符号在不同的时空中是如何以不同的方式被协商并最终完成的。

当然，在不同地区和时段中，这些象征符号的实现形式是不同的。从这一角度来讨论，我们确实需要关注"特殊性"的问题。然而，特殊性并不意味着孤立。相反，地方研究应当告诉我们这一特殊地区是如何与空间层级上更高更大的实体互动的——比如政府或国家。这一点非常重要，不仅因为这样的考察可以提供不同区域间展开比较的基础，更是因为不同空间层级的实体之间的互动本身就是历史人物自身经历的重要组成。正如我在书中试图呈现的，从这个角度来说关中所承载的国史为我们提供了一个有益的分析工具，能够用于探究身份构建的其他复杂情况。通过强调或弱化当地作为全国政治或文化中心的历史，关中士人事实上是在界定他们自身的位置，以及由此衍伸出的、相较于更大文化区域中的他者的自我身份认同。

这也引出了当代学术研究中与使用"地方"这一术语相关的另一历史地理问题。正如我在前言中提到的，当代学者未加区分地使用"地方主义"来描述两个相距甚远的现象：一是对地方身份的构建和推210 广，二是指在地方层面构筑一个官僚体制之外的空间。有时候这二者的融合是必须的，比如当历史主体既把"地方"视作一种身份认同，又把它看作一个"非官方"空间的时候。我们前面谈到，士人在修地方志时通常既想通过本土叙事来强调自己的身份，也想要鼓励士人参与以非官方形式界定当地历史的行动，由此来传递他们关于公共意识的理念。然而，有的时候对这两个目标的追寻是分离的。

我们已经看到，一些道学追随者在倡导扩大"非官方"空间的同时，仍把自己看作是全国学者群体的一部分，因而认为无须创立和发展一个地方身份认同。反过来说，是否存在这样的可能：这些士人对于地方有强烈的认同、迫切想要创立一个根植于地方的共同身份，但仍然认为地方层面的所有机构与项目——包括地方身份认同的创建——都应当由中央政府来执掌？虽然在我对关中的研究中并未看到这样的例子，但从逻辑上来说这是完全有可能的。我认为这一现象很有可能发生在举国都对地方身份认同有高度需求之时。一旦某地区的精英在这样的环境下也希冀突出自己的地方身份，却又缺乏资源这么做，就会出现希望政府来领头的情况。

这看起来似乎有些老生常谈。但我想表达的只是，如果我们对地方与"非官方"不作区分，而是像当代学术研究中通常出现的那样宽泛地以"地方"混同这两个概念，并把它与"中央的"和"政府的"对举，我们很有可能错误地假定——举例来说——一个地方取向的士人永远不可能同时拥有中央集权的观点。

关中的故事于 1911 年完结——一个中国历史上标志着士人时代正式终结的转折点。然而，即使在清朝灭亡了很久之后，原来拥有士人身份的关中知识分子仍在继续讲述这片土地的故事。清朝末期，陕西省政府主席邵力子邀请出身西安的杰出举人宋联奎（1870—1951）来编撰一部丛书，名为"关中丛书"。这一计划因辛亥革命中断，直到三十年代宋联奎被任命监督某部省志的编撰时才又重新启动。这项工程从提出到最终付诸实践的过程中，知识阶层的世界发生了巨变。与旧的帝国秩序没有瓜葛的新一代知识分子兴起，接过了曾经由士阶层扮演的多种角色。宋联奎本人也转变为"现代知识分子"并活跃于新政权治下的政坛。晚年他甚至成为（共产党治下）陕西省人民代表大会协商委员会的常务委员。[4]然而，他为"关中丛书"所写的序言中仍弥漫着旧式士大夫的口气。他告诉读者：这个系列主要收录了关中士人的著述，因此可以作为对当地先贤的纪念；而这是在长期的"武功"之后为了重修"文德"而编撰的。[5]

在宋联奎的序中，文化是由处于其传承中心的当地贤人——过往的士人们——自下而上进行诠释的。宋联奎鼓励读者们把"关中丛书"当作从古到今的一群有识之士的集体创作来阅读——这些有识之士的努力是为了发扬关中文化传统以促进国家利益。士人时代的句点并未终结那种视关中为超越政治力量兴衰的文化独立体之象征的叙

211

---

[4]　见 张永禄，《明清西安词典》，第 306-307 页的"宋联奎"条目。

[5]　见宋联奎《关中丛书序》。这篇序附于整个系列的第一部书之前。第一部书是由关中人士赵岐（卒于 201 年）为《孟子》作的注。

述。然而，时代毕竟不同了。宋联奎对关中历史的描述很快被边缘化，并被本书开头介绍的那套民族主义话语所代替。中国共产党掌握政权以后，为了建立强有力的中央政府，这样一种基于本土的文化取向自然而然便进一步被边缘化。但是到了 20 世纪 70 年代末，一旦政府控制力量稍微松动，关中知识分子对文化和当地思想学术传统的兴趣又重新活跃，虽然那时的历史语境已经完全不同了。[6]

更近期的这些发展构成了另一个有趣而意味深长的故事，不过只能留待他日再叙了。

212

_____

[6] 见郭齐勇为丁为祥《虚气相即》所作的序，第 1 页。

参考书目

Abe Takeo 安部健夫,《元代の知識人と科舉》,《史林》42. 6（1959）: 113-152。

Aubin, Françoise. "The Rebirth of Chinese Rule in Times of Trouble." In S. R. Schram, ed., *Foundations and Limits of State Power in China*. London: School of Oriental and African Studies, 1987, pp. 113-146.

班固,《汉书》, 北京: 中华书局, 1962。

《宝鸡县志》, 1785。

Beattie, Hilary L. *Land and Lineage in China: A Study of T'ung-cheng County, Anhwei, in the Ming and Ch'ing Dynasties*. Cambridge: Cambridge University Press, 1979.

毕沅,《关中金石记》, 续修四库全书版。

——,《关中胜迹图志》, 西安: 西京日报社, 1934。

Birdwhistell, Anne D. *Li Yong (1627—1705) and Epistemological Dimensions of Confucian Philosophy*. Stanford: Stanford University Press, 1996.

Bol, Peter K. "Local History and Family in Past and Present." In Thomas H. C. Lee, ed., *The New and the Multiple: Sung Senses of the Past*. Hong Kong: Chinese University Press, 2004, pp. 307-348.

——. "The 'Localist Turn' and 'Local Identity' in Later Imperial China." *Late Imperial China* 24, no. 2（2003）: 1-50.

——. "Neo-Confucianism and Local Society: Twelfth to Sixteenth Century: A Case Study." In Paul Jakov Smith and Richard von Glahn, eds., *The Song-Yuan-Ming Transition in Chinese History*. Cambridge: Harvard University Asia Center, 2003, pp. 241-283.

——. "The Rise of Local History: History, Geography, and Culture in Southern Song and Yuan Wuzhou." *Harvard Journal of Asiatic Studies* 61, no. 1（2001）: 37–76.

——. "Seeking Common Ground: Han Literati Under Jurchen Rule." *Harvard Journal of Asiatic Studies* 47, no. 2（1987）: 461–538.

——. "The Sung Examination System and the *Shih*." *Asia Major*, 3d series 3, no. 2（1992）: 149–171.

——. *"This Culture of Ours"*: *Intellectual Transitions in T'ang and Sung China*. Stanford: Stanford University Press, 1992.

Bossler, Beverly. *Powerful Relations: Kinship, Status, and the State in Sung China (960—1279)*. Cambridge, MA: Council on East Asian Studies, Harvard University, 1998.

Brook, Timothy. *The Confusions of Pleasure: Commerce and Culture in Ming China*. Berkeley: University of California Press, 1998.

曹占泉编,《陕西省志（人口志）》, 西安: 三秦出版社, 1986。

Chaffee, John W. *The Thorny Gates of Learning in Sung China: A Social History of Examinations*. Albany: State University of New York Press, 1995.

Chan, Hok-lam, and Wm. Theodore de Bary, eds. *Yuan Thought*. New York: Columbia University Press, 1982.

Chan, Wing-tsit. *A Sourcebook in Chinese Philosophy*. Princeton: Princenton University Press, 1963.

Chang Chung-li. *The Chinese Gentry: Studies on Their Role in Nineteenth-Century Chinese Society*. Seattle: University of Washington Press, 1955.

钞晓鸿,《明清时期的陕西商人资本》,《中国社会经济史研究》1（1996）: 105–119。

《朝邑县志》, 1519。

《朝邑县志》, 1851。

陈高华,《理学在元代的传播和元末红巾军对理学的冲击》,《文史哲》2（1976）: 77–83。

陈俊民,《张载哲学思想及关学学派》, 北京: 人民出版社, 1986。

——编,《蓝田吕氏遗著辑校》, 北京: 中华书局, 1993。

陈铭珪,《长春道教源流》, 台北: 广文书局, 1975。

陈寿，《三国志》，北京：中华书局，1962。

陈涛，《南馆文钞》，出版者不详，1924。

陈雯怡，《由官学到书院：从制度与理念的互动看宋代教育的演变》，台北：联经出版社，2004。

陈寅恪，《唐代政治史述论稿》，上海：上海古籍出版社，1982。

陈垣，《泾阳王征传》，《北平图书馆馆刊》8.6（1934）：13-15。

——，《南宋初河北新道教考》，北京：中华书局，1962。

程大昌，《雍录》，关中丛书版。（西安：陕西通志馆，1934）。

程颢、程颐，《二程集》，北京：中华书局，1981。

程民生，《论宋代陕西经济》，《中国历史地理论丛》1（1994）：133-157。

——，《宋代地域经济》，开封：河南大学出版社，1992。

《澄城县志》，1748。

Ching, Julia et al. *The Records of Ming Scholars*. Honolulu: University of Hawai'i Press, 1987.

Chow, Kai-wing. *The Rise of Confucian Ritualism in Late Imperial China: Ethics, Classics, and Lineage Discourse*. Stanford: Stanford University Press, 1994.

——. "Ritual, Cosmology, and Ontology: Chang Tsai's Moral Philosophy and Neo-Confucian Ethics." *Philosophy East and West*, 43, no. 2（1993）: 201-228.

褚峻，《金石经眼录》，文渊阁四库全书版。

Ch'ü T'ung-tsu. *Local Government in China Under the Ch'ing*. Cambridge: Harvard University Press, 1962.

戴裔煊，《宋代钞盐制度研究》，北京：中华书局，1981。

《大荔县志》，1850。

到何之，《关于金末元初的汉人地主武装问题》，见南京大学历史系元史研究室编《元史论集》，北京：人民出版社，1984，页164-199。

Dardess, John. "The Cheng Communal Family: Social Organization and Neo-Confucianism in Yuan and Early Ming China." *Harvard Journal of Asiatic Studies* 34（1974）: 7-52.

——. *Conquerors and Confucians: Aspects of Political Change in Late Yuan China*. New York: Columbia University Press, 1973.

———. *A Ming Society: T'ai-ho County, Kiangsi, Fourteenth to Seventeenth Centuries.* Berkeley: University of California Press, 1996.

———. *Blood and History in China: The Donglin Faction and Its Repression, 1620–1627.* Honolulu: University of Hawai'i Press, 2002.

Davis, Richard L. *Court and Family in Sung China, 960—1279: Bureaucratic Success and Kinship Fortunes for the Shi of Ming-chou.* Durham: Duke University Press, 1986.

de Bary, Wm. Theodore, ed. *Neo–Confucian Orthodoxy and the Learning of the Mind–and–Heart.* New York: Columbia University Press, 1981.

———. *Self and Society in Ming Thought.* New York: Columbia University Press, 1970.

de Bary, Wm. Theodore, Chan Wing–tsit, and Watson, Burton eds., *Sources of Chinese Tradition.* Vol.1 New York: Columbia University Press, 1960.

de Bary, Wm. Theodore, and John W. Chaffee, eds. *Neo–Confucian Education: The Formative Stage.* Berkeley: University of California Press, 1989.

de Rachewiltz, Igor, et al., eds. *In the Service of the Khan: Eminent Personalities of the Early Mongol–Yuan Period.* Wiesbaden: Harrassowitz, 1993.

Des Forges, Roger V. *Cultural Centrality and Political Change in Chinese History: Northeast Henan in the Fall of the Ming.* Stanford: Stanford University Press, 2003.

丁为祥，《虚气相即：张载哲学体系及其定位》，北京：人民出版社，2000。

Ditmanson, Peter Brian. "Contesting Authority: Intellectual Lineages and the Chinese Imperial Court from the Twelfth to the Fifteenth Centuries." Ph.D. diss., Harvard University, 1999.

Dreyer, Edward L. *Early Ming China: A Political History, 1355—1435.* Stanford: Stanford University Press, 1982.

杜大珪，《名臣碑传琬琰集》，台北：文海出版社，1969。

Du Yongtao. "Locality, Identity, and Geography: Translocal Practices of Huizhou Merchants in Late Imperial China." Ph.D. diss., University of Illinois at Urbana–Champaign, 2006.

Duara, Prasenjit. *Culture, Power, and the State: Rural North China, 1900—1942.* Stanford: Stanford University Press, 1988.

———. *Rescuing History from the Nation: Questioning Narratives of Modern China.*

Chicago: University of Chicago Press, 1995.

Ebrey, Patricia Buckley. *The Aristocratic Family of Early Imperial China: A Case Study of the Po－ling Ts'ui Family.* Cambridge: Cambridge University Press, 1978.

Ebrey, Patricia Buckley, and James L. Watson, eds. *Kinship Organization in Late Imperial China, 1000—1940.* Berkeley: University of California Press, 1986.

Elliott, Mark. *The Manchu Way: The Eight Banners and Ethnic Identity in Late Imperial China.* Stanford: Stanford University Press, 2001.

Elman, Benjamin A. *A Cultural History of Civil Examinations in Late Imperial China.* Berkeley: University of California Press, 2000.

——. *From Philosophy to Philology: Intellectual and Social Aspects of Change in Late Imperial China.* Cambridge: Council on East Asian Studies, Harvard University, 1990.

Endicott－West, Elizabeth. *Mongolian Rule in China: Local Administration in the Yuan Dynasty.* Cambridge: Council on East Asian Studies, Harvard University, 1989.

Esherick, Joseph, and Mary Rankin, eds. *Chinese Local Elites and Patterns of Dominance.* Berkeley: University of California Press, 1990.

范晔,《后汉书》, 北京: 中华书局, 1964。

范仲淹,《范文正公集》, 四部丛刊初编版。

方光华等,《关学及其著述》, 西安: 西安出版社, 2003。

Farquhar, David, "Structure and Function in Yuan Imperial Government." In John D. Langlois, ed., *China Under Mongol Rule.* Princeton: Princeton University Press, 1981, pp. 25－55.

冯从吾,《冯少墟集》, 出版者不详, 1621。

冯从吾等,《关学编（附续编）》, 北京: 中华书局, 1987。

《凤翔府志》, 1766。影印初版, 台北: 学生书局, 1967。

Finnane, Antonia. *Speaking of Yangzhou: A Chinese City, 1550—1850.* Cambridge: Harvard University Asia Center, 2004.

Fujii Hiroshi 藤井宏,《新安商人の研究》,《東洋學報》36.3（1954）: 65－118。

Graham, A. C. *Two Chinese Philosophers: The Metaphysics of the Brothers Ch'eng.* 2d ed. La Salle, IL: Open Court, 1992.

高聪明，《宋代货币与货币流通研究》，保定：河北大学出版社，2000。

高峰，《陕西方志考》。长春：吉林省地方志编纂委员会，1985。

《高陵县志》，1541。1799 重刊。

Gladney, Dru C. *Muslim Chinese: Ethnic Nationalism in the People's Republic.* Cambridge: Harvard University Press, 1996.

Golas, Peter J. "Rural China in the Song." *Journal of Asian Studies* 39, no. 2（1980）：291-325.

Goodrich, L. Carrington and Fang, Chaoying eds. *A Dictionary of Ming Biography: 1368—1644.* New York: Columbia University Press, 1976。

Gregory, Peter N., and Daniel A. Getz, Jr., eds. *Buddhism in the Sung.* Honolulu: University of Hawaii Press, 1999.

顾炎武，《亭林文集》，四部丛刊初编版。

顾炎武著，黄汝成集释，《日知录集释》，国学集本丛书版。

《关西马氏世行录》，关西马氏丛书本。

《关中温氏献征集》，温氏丛书版。

《关中温氏族谱》，温氏丛书版。

郭旃，《全真道的兴起及其金王朝的关系》，《世界宗教研究》3（1983）：99-107.

韩邦靖等，《韩五泉诗集》，出版者不详，出版年不详。

韩邦奇，《苑洛集》，文渊阁四库全书版。

韩结根，《康海年谱》，上海：复旦大学出版社，1993。

《韩城县志》，1784，续修四库全书重刊版。

Handlin, Joanna F. *Action in Late Ming Thought: The Reorientation of Lü K'un and Other Scholar-Officials.* Berkeley: University of California Press, 1983.

Hansen, Valerie. *Changing Gods in Medieval China, 1127—1276.* Princeton: Princeton University Press, 1990.

Hartwell, Robert. "Demographic, Political, and Social Transformations of China, 750-1550." *Harvard Journal of Asiatic Studies* 42, no. 2（1982）：365-422.

贺复征，《文章辨体汇选》，文渊阁四库全书版。

《合阳县志》，1653。

Ho Ping-ti. *The Ladder of Success in Imperial China: Aspects of Social Mobility,*

1368—1911. New York: Columbia University Press, 1962.

——. *Studies on the Population of China, 1368—1953*. Cambridge: Harvard University Press, 1959.

何载图等，《关中书院志》，出版者不详，出版年不详。

洪亮吉，《洪亮吉集》，北京：中华书局，2001。

Hsiao Ch'i-ch'ing. *The Military Establishment of the Yuan Dynasty*. Cambridge: Harvard University Press, 1978.

胡侍，《墅谈》，四库全书存目丛书版。

——，《真珠船》，四库全书存目丛书版。

——，《胡梦溪文集续集》，四库未收书辑刊。

胡渭，《禹贡锥指》，上海：上海古籍出版社，1996。

胡小鹏，《元代西北历史与民族研究》，兰州：甘肃文化出版社，1999。

Huang, Philip. *The Peasant Economy and Social Change in North China*. Stanford: Stanford University Press, 1985.

——. *The Peasant Family and Rural Development in the Yangzi Delta, 1350—1988*. Stanford: Stanford University Press, 1990.

黄宗羲，《明儒学案》，四部备要版。

黄宗羲，全祖望《宋元学案》，国学集本丛书。

《华州志》，1572。

Hucker, Charles O. *A Dictionary of Official Titles in Imperial China*. Stanford: Stanford University Press, 1985.

Hummel, Arthur W. *Eminent Chinese of the Ch'ing Period*. Washington, DC: Government Printing Office, 1943, 1944.

Huters, Theodore, R. Bin Wong, and Pauline Yu, eds. *Culture and State in Chinese History: Conventions, Accommodations, and Critiques*. Stanford: Stanford University Press, 1997.

《户县乡土志》，北京：燕京大学图书馆，1937。

《户县新志》，1777。

Hymes, Robert P. *Statesmen and Gentlemen: The Elite of Fu-chou, Chiang-hsi, in Northern and Southern Sung*. Cambridge: Cambridge University Press, 1986.

Hymes, Robert P., and Conrad Schirokauer, eds. *Ordering the World: Approaches to State and Society in Sung Dynasty China*. Berkeley: University of California Press, 1993.

Idema, Wilt, and Beata Grant. *The Red Brush: Writing Women of Imperial China*. Cambridge: Harvard University Asia Center, 2004.

井の崎隆興,《元朝成立過程における漢人世侯》,《歷史教育》9.7（1961）：31-35

——,《蒙古朝治下における漢人世侯（河朔地區と山東地區の二つ型）》,《史林》37.6（1954）：27-48。

纪昀等,《四库全书总目提要》, 文渊阁四库全书版。

姜国柱,《张载关学》, 西安: 陕西人民出版社, 2000。

江少虞,《宋朝事实类苑》, 上海: 上海古籍出版社, 1981。

焦竑编,《国朝献征录》, 出版者不详, 1616。

焦源溥,《逆旅集》, 四库未收书辑刊。

焦之夏,《岁寒集》, 关中丛书版。

《泾阳县志》, 1547。

《泾阳县志》, 1911。

Johnson, David G. "Counterfeit Miracle: Fabricating Folklore in Twelfth-Century Shensi." 劉子健博士頌壽紀念宋史研究論集刊行會編《劉子健博士頌壽紀念宋史研究論集》, 京都: 同朋舍, 1989, 頁 489-498.

——. "The Last Years of a Great Clan: The Li Family of Chao Chün in the Late T'ang and Early Song." *Harvard Journal of Asiatic Studies* 37, no. 1（1977）：5-102.

——. *The Medieval Chinese Oligarchy*. Boulder, CO: Westview Press, 1977.

康海,《康对山先生集》, 续修四库全书版。

Kasoff, Ira E. *The Thought of Chang Tsai (1020—1077)*. Cambridge: Cambridge University Press, 1984.

Kinugawa Tsuyoshi 衣川強,《宋代の名族：河南呂氏の場合》,《神戸商科大學人文論集》9.1/2（1973）：134-166.

Koh, Khee Heong. "East of the River and Beyond: A Study of Xue Xuan（薛瑄, 1389—1464）and the Hedong School." Ph.D. diss., Columbia University, 2006.

寇准，《忠愍公诗集》，四部丛刊三编版。

Kracke, Edward A., Jr. "Family vs Merit in Chinese Civil Service Examinations Under the Empire." *Harvard Journal of Asiatic Studies* 10（1947）: 103－123.

Kuhn, Philip A. *Origins of the Modern Chinese State*.（Stanford: Stanford University Press, 2002）.

来俨然，《自愉堂集》，四库全书存目丛书版。

Langlois, John D., ed. *China Under Mongol Rule*. Princeton: Princeton University Press, 1981.

《蓝田县志》，1875。重刊，台北：学生书局，1967。

Lau, D. C., trans. *The Analects*. New York: Penguin Books, 1979.

——. *Mencius*. London: Penguin Books, 1970.

Lee, Thomas H. C. *Government Education and Examination in Sung China*. New York: St. Martin's, 1985.

雷士俊，《艾陵文抄》，四库禁毁书丛刊版。

Legge, James, trans. *The Chinese Classics*, vol. 4, *The She King* [*Shijing*]. Hong Kong: Hong Kong University Press, 1960（1895）.

——. *The Li Ki*. In F. Max Müller, ed., *The Scared Books of the East*, vol. 27. Oxford: Clarendon Press, 1885.

李柏，《太白闪人斛叶集》，四库禁毁书丛刊版。

李道谦编，《甘水仙源录》，道藏辑要版。

李复，《潏水集》，文渊阁四库全书版。

李刚，《陕西商帮史》，西安：西北大学出版社，1997。

李浩，《唐代关中士族与文学》，台北：文津出版社，1999。

李弘祺，《宋代教育散论》，台北：东升出版社，1980。

黎靖德编，《朱子语类》，北京：中华书局，1994。

李涛，《续资治通鉴长编》，台北：世界书局，1961。

李庭，《寓庵集》，见《藕香零拾》，14－15 卷。1910。

李蔚，《论宋代西北的屯田》，见邓广铭等编《宋史研究论文集》，石家庄：河北教育出版社，1989。页 207－237。

黎小龙，《义门大家族的分布与宗族文化的区域特征》，《历史研究》2（1998）:

54-63。

李琰,《东林党籍考》,台北:世界书局,1961。

李因笃,《韩诗音注》,四库全书存目丛书。

——,《古今韵考》,1931。重刊——台北:广文书局,1966。

李颙,《二曲集》,北京:中华书局,1996。

李元春,《关中两朝文抄》,出版者不详,1832-1836。

——,《关中道脉四种书》,出版者不详,1830。

——,《时斋文集》,出版者不详,出版年不详。

——,《益闻散录》,见《青照堂丛书》,出版者不详,1835。

李元纲,《厚德录》,续修四库全书版。

李之勤,《西北史》,郑州:中州古籍出版社,1994。

梁方仲,《中国历代户口、田地、田赋统计》,上海:上海人民出版社,1980。

梁庚尧,《宋代社会经济史论集》,台北:允辰文化事业,1997。

《两淮盐法志》康熙(1662—1722)版。重刊,台北:学生书局,1966。

《临潼县志》,1776。1922重刊。

《麟游县新志草》,1883。

《醴泉县志》,1748。

刘宝才,《清末关中今文经学家刘古愚》,《管子学刊》2(1997):67-72。

刘光蕡,《立政臆解》,关中丛书版。

——,《味经书院志》,关中丛书版。

——,《学记臆解》,关中丛书版。

——,《修齐直指评》,关中丛书版。

——,《烟霞草堂遗书》,出版者不详,出版年不详。

刘古愚教育论文选注委员会编,《刘古愚教育论文选注》,西安:陕西人民出版社,1988。

刘庆柱编,《关中记辑注》,西安:三秦出版社,2006。

Lo, Winston. *The Life and Thought of Yeh Shih*. Gainesville: University Presses of Florida, 1974.

龙文斌,《明会要》,北京:中华书局,1956。

Lu Miaw-fen. "Local Identity and Learning in the Late Ming Yangming School in

Jiangyou." Paper presented at the AAS annual meeting, Washington, D.C., 2002.

吕本中,《东莱吕紫微师友杂志》,十万卷楼丛书版。

吕柟,《泾野先生文集》,四库全书存目丛书版。

——,《泾野子内篇》,北京:中华书局,1992。

陆耀遹编,《金石续编》,北京:中国书店,1985。

吕祖谦编,《宋文鉴》,国学基本丛书版。

骆天骧,《类编长安志》,北京:中华书局,1990。

马理,《溪田文集》,四库全书存目丛书版。

马鲁《山对斋文诗存稿》,关西马氏丛书版。

马先登编,《关西马氏丛书》,出版者不详,1868。

Makino Shūji. "Transformation of the *Shih-jen* in the Late Chin and Early Yuan." *Acta Asiatica* 45（1983）: 1–26.

Matsui Shūichi 松井秀一,《北宋初期官僚の一典型—石介とその系譜を中心に》,《東洋學報》51.1（1968）: 44–92。

McDermott, Joseph P. Review of Robert Hymes, *Statesmen and Gentlemen: The Elite of Fu-chou, Kiangsi, in Northern and Southern Song. Harvard Journal of Asiatic Studies* 51, no. 1（1991）: 333–357.

《郿县志》,1909。影印版,台北:成文出版社,1969。

Min Tu-ki. *National Polity and Local Power: The Transformation of Late Imperial China*. Cambridge: Council on East Asian Studies, Harvard University, 1989.

Miles, Steven B. *The Sea of Learning: Mobility and Identity in Nineteenth-Century Guangzhou*. Cambridge: Harvard University Asia Center, 2006.

Miribel, Jean de. *Administration provinciale et fonctionnaires civils au temps des Ming (1368—1644): étude de la province du Shaanxi et de la préfecture de Xi'an*. Paris: Harmattan, 1995.

Miribel, Jean de 著,郭太初等译,《明代地方官吏及文官制度:关于陕西和西安府的研究》。西安:陕西人民出版社,1994。

Miyakawa Hisayuki. "An Outline of the Naitō Hypothesis and Its Effects on Japanese Studies of China." *Far Eastern Quarterly* 14（1954–55）: 533–552.

Morita Kenji 森田憲司,《宋元時代における修譜》,《東洋史研究》37.4（1979）:

509−35。

Mote, Frederick W. "The Ch'eng−hua and Hung−chih reigns, 1465−1505." In Denis Twitchett, and Frederic W. Mote, eds., *The Cambridge History of China*, vol. 7, *The Ming Dynasty, 1368−1644, Part II*. Cambridge: Cambridge University Press, 1998, pp. 343−402.

——. "Confucian Eremitism in the Yuan Period." In Arthur F. Wright, ed., *The Confucian Persuasion*. Stanford: Stanford University Press, 1960, pp. 202−240.

牟宗三,《心体与性体》, 台北: 正中书局, 1990。

Naquin, Susan. "Connections Between Rebellions: Sect Family Networks in Qing China." *Modern China* 8, no. 3（1982）: 337−360.

Ong, Chang Woei. "Men of Letters Within the Passes: Guanzhong Literati from the Tenth to Eighteenth Centuries." Ph.D. diss., Harvard University, 2004.

——. "We Are One Family: The Vision of 'Guanxue' in the Northern Song." *Journal of Song−Yuan Studies* 35（2005）: 29−57.

——. "Zhang Zai's Legacy and the Construction of Guanxue in Ming China." *Ming Studies* 51−52（2005）: 58−93.

欧阳修等,《新唐书》, 北京: 中华书局, 1975。

——,《新五代史》, 北京: 中华书局, 1974。

欧阳玄,《圭斋文集》, 出版者不详, 1471。

彭泽,《段容思先生年谱记略》, 1823。影印本, 北京图书馆编《北京图书馆藏珍本年谱丛刊》册 39, 北京: 北京图书馆出版社, 1999。

Platt, Stephen R. "Hunanese Nationalism and the Revival of Wang Fuzhi." Ph.D. diss., Yale University, 2004.

《蒲城县新志》, 1905。

《蒲城县志》, 1666。

《蒲城县志》, 1782。

漆侠,《宋代经济史》, 上海: 上海人民出版社, 1987。

钱穆,《国史大纲》, 长沙: 商务印书馆, 1940。

《乾州志稿》, 1884。

乔世宁,《丘隅集》, 出版者不详, 出版年不详。

秦晖，苏文，《田园诗与狂想曲：关中模式与前近代社会的再认识》，北京：中央编译出版社，1996。

《清实录》，北京：中华书局，1985。

《岐山县志》，1779。

瞿九思，《万历武功录》，北京：中华书局，1962。

全祖望，《全祖望集汇校集注》，上海：上海古籍出版社，2000。

Rossabi, Morris. *Khubilai Khan: His Life and Times.* Berkeley: University of California Press, 1988.

Rowe, William T. "The Public Sphere in Modern China." *Modern China* 16, no. 3（1990）: 309–329.

——. *Saving the World: Chen Hongmou and Elite Consciousness in Eighteenth-Century China.* Stanford: Stanford University Press, 2001.

《三水县志》，1785。续修四库全书重刊版。

Schoppa, R. Keith. *Song Full of Tears: Nine Centuries of Chinese Life at Xiang Lake.* Boulder, CO: Westview Press, 2002.

陕西军事历史地理概述编写组，《陕西军事历史地理概述》。西安：陕西人民出版社，1985。

陕西省地方志编纂委员会编，《陕西省志》，西安：三秦出版社，2000。

陕西省志水利志编纂委员会编，《陕西省志（水利志）》，西安：陕西人民出版社，1999。

陕西师范大学地理系，《陕西省渭南地区地理志》，西安：陕西人民出版社，1990。

《陕西通志》，1735。影印版，台北：华文书局，1969。

《陕西通志》，1542。影印版，全国公共图书馆古籍文献编辑出版委员会编《中国西北稀见方志续集》，北京：中华全国图书馆文献缩微复制中心，1997。

《陕西志辑要》，1827。

史念海，《古代的关中》，氏著《河山集》第一集，北京：三联书店，1963。页26–66。

——，《论西安周围诸河流的变化》，氏著《河山集》第七集，西安：陕西师范大学出版社，1999，页51–76。

——，《陕西地区蚕桑事业盛衰的变迁》，氏著《河山集》第三集，北京：人民出版社，1988，页 188-285。

施闰章《施闰章文集》，上海：国学扶轮社，1910。

司马光《司马温公文集》，丛书集成初编版。

——《资治通鉴》，北京：中华书局，1956。

司马迁《史记》，北京：中华书局，1959。

Skinner, G. William. "Marketing and Social Structure in Rural China." 3 pts. *Journal of Asian Studies* 24（1964-65）：3-44, 195-228, 363-399.

Skinner, G. William, ed. *The City in Late Imperial China*. Stanford: Stanford University Press, 1977.

Smith, Paul J. *Taxing Heaven's Storehouse: Horses, Bureaucrats, and the Destruction of the Sichuan Tea Industry, 1074—1224*. Cambridge: Council of East Asian Studies, Harvard University, 1991.

Smith, Paul Jakov, and Richard von Glahn, eds. *The Song-Yuan-Ming Transition in Chinese History*. Cambridge: Harvard University Asia Center, 2003.

宋伯胤，《明泾阳王征先生年谱》，西安：陕西师范大学出版社，2004。

宋濂等，《元史》，北京：中华书局，1976。

宋敏求等，《长安志（长安志图）》，出版者不详，1784。

苏轼，《苏轼文集》，北京：中华书局，1986。

苏颂，《苏魏公文集》，北京：中华书局，1988。

苏天爵，《滋溪文稿》，北京：中华书局，1997。

苏天爵编，《元名臣事略》，文渊阁四库全书版。

——，《国朝文类》，四部丛刊版。

周藤吉之，《中国土地制度史研究》，东京：东京大学出版社，1965。

孙敬之，《华北经济地理》，北京：科学出版社，1957。

孙进己等，《女真史》，长春：吉林文史出版社，1987。

孙楷弟，《元曲家考略》，上海：上海古籍出版社，1981。

孙克宽，《蒙古汉军与汉文化研究》，台北：文星书店，1958。

——，《元代汉文化之活动》，台北：台湾"中华书局"，1968。

孙星衍，《孙渊如先生全集》，丛书集成续编版。

孙枝蔚，《溉堂诗集》，续修四库全书版。

——，《溉堂文集》，续修四库全书版。

谭天星，《明代内阁政治》，北京：中国社会科学出版社，1996。

唐海彬编，《陕西省经济地理》，北京：新华出版社，1987。

陶晋生，《北宋士族：家族，婚姻，生活》，台北：台湾"中央研究院"历史语言研究所，2001。

陶宗仪，《南村辍耕录》，北京：中华书局，1959。

——，《说郛》，文渊阁四库全书版。

Terada Takanobu 寺田隆信，《陕西同州の馬氏—明清時代における一郷紳の系譜》，《東洋史研究》33. 3（1974）：478-504。

田培栋，《明清时代陕西社会经济史》，北京：首都师范大学出版社，2000。

——，《陕西商帮》，香港：中华书局，1995。

Tillman, Hoyt Cleveland. *Confucian Discourse and Chu Hsi's Ascendancy*. Honolulu: University of Hawaii Press, 1992.

Tillman, Hoyt Cleveland, and Stephen H. West, eds. *China Under Jurchen Rule*. Albany: State University of New York Press, 1995.

同恕，《矩庵集》，文渊阁四库全书。

《同官县志》，1765。影印版，台北：学生书局，1968。

《同州志》，1625。

Tu Wei-ming. "Towards an Understanding of Liu Yin's Confucian Eremitism." In Hok-lam Chan and Wm. Theodore de Bary, eds., *Yuan Thought*. New York: Columbia University Press, 1982, pp. 233-277.

——. "Yen Yüan: From Inner Experience to Lived Concreteness." In Wm. Theodore de Bary, ed., *The Unfolding of Neo-Confucianism* New York: Columbia University Press, 1975, pp. 511-541.

脱脱等，《金史》，北京：中华书局，1975。

——，《宋史》，北京：中华书局，1977。

Twitchett, Denis and Mote, Frederick W. eds. *The Cambridge History of China*, vol. 8 Cambridge: Cambridge University Press, 1998.

Vermeer, Eduard B. *Economic Development in Provincial China: The Central Shaanxi*

Since 1930. Cambridge: Cambridge University Press, 1988.

Walton, Linda. *Academies and Society in Southern Sung China*. Honolulu: University of Hawaii Press, 1999.

Wang Aihe, *Cosmology and Political Culture in Early China*. Cambridge: Cambridge University Press, 2000.

王安石，《王临川全集》，台北：世界书局，1966。

王昶编，《金石粹编》，北京：中国书店，1985。

王承裕，《唐李卫公通纂》，四库全书存目丛书版。

王九思，《渼陂续集》，续修四库全书版。

王懋麟，《百尺梧桐阁文集》，影印本，上海：上海古籍出版社，1980。

王士祯，《新城县新志序》，氏著《蚕尾集》。四库全书存目丛书版。

王恕，《王端毅公文集》，四库全书存目丛书版。

——，《王端毅奏议》，文渊阁四库全书版。

王廷相，《王廷相集》，北京：中华书局，1989。

王维桢，《王氏存笥稿》，四库全书存目丛书版。

王晓波，《寇准年谱》，成都：巴蜀书社，1995。

王心敬，《丰川全集》，四库全书存目丛书版。

——，《丰川杂著》，关中丛书版。

王阳明，《王阳明全集》，上海：上海古籍出版社，1992。

王瑜，朱正海编，《盐商与扬州》，南京：江苏古籍出版社，2001。

王元林，《宋金元时期黄渭洛汇流区河道变迁》，《中国历史地理论丛》4（1996）：161-169。

——，《隋唐五代时期黄渭洛汇流区河道变迁》，《陕西师范大学学报（哲学社会科学版）》26.2（1997）：133-138。

——，《隋唐以前黄渭洛汇流区河道变迁》，《中国历史地理论丛》3（1996）：71-87。

王禹偁，《小畜集》，四部丛刊初编版。

王云凤，《博趣斋稿》，续修四库全书版。

王征，《王征遗著》，西安：陕西人民出版社，1987。

——，《新制诸器图说》，丛书集成续编版。

——，《远西奇器图说》，丛书集成初编版。

王志忠，《明清全真教论稿》，成都：巴蜀书社，2000。

《王氏宗谱》，西安：户县文馆会，1996。

Watson, James L. "Chinese Kinship Reconsidered: Anthropological Perspectives on Historical Research." *China Quarterly*, no. 92（1982）：589－622.

危素，《危学士全集》，四库全书存目丛书版。

温纯，《温恭毅公文集》，温氏丛书版。

温自知，《海印楼文集》，温氏丛书版。

Wilson, Thomas A. *Genealogy of the Way: The Construction and Uses of the Confucian Tradition in Late Imperial China*. Stanford: Stanford University Press, 1995.

Wong Siu-kit. "Ch'ing in Chinese Literary Criticism." Ph.D. diss, University of Oxford, 1966.

Wood, Alan T. *Limits to Autocracy: From Sung Neo-Confucianism to a Doctrine of Political Rights*. Honolulu: University of Hawaii Press, 1995.

吴怀清，《关中三李先生年谱》，出版者不详，1868。

吴镇烽，《陕西地理沿革》，西安：陕西人民出版社，1981。

《武功县志》，1519。

Wylie, Alexander. *Notes on Chinese Literature: With Introductory Remarks on the Progressive Advancement of the Art; and a List of Translation from Chinese into Various European Languages*. Shanghai: Presbyterian Mission Press, 1922.

《西安府志》，1779。

萧𣂷，《勤斋集》，文渊阁四库全书版。

萧启庆，《元代史新探》，台北：新文丰出版公司，1983。

谢枋得，《谢叠山全集校注》，上海：华东师范大学出版社，1995。

《兴平县志》，1923。影印版，台北：成文出版社，1969。

行政院农村复兴委员会，《陕西省农村调查》，上海：商务印书馆，1934。

Xiong, Victor Cunrui. *Sui-Tang Chang'an: A Study in the Urban History of Medieval China*. Ann Arbor: Center for Chinese Studies, University of Michigan, 2000.

许衡，《鲁斋遗书》，北京：书目文献出版社，1988。

续琨，《元遗山研究》，台北：台湾中华书局，1974。

徐松，《登科记考》，北京：中华书局，1984。

徐松编，《宋会要辑稿》，北京：中华书局，1957。

薛居正等，《旧五代史》，北京：中华书局，1976。

薛瑄，《薛文清公读书录》，文渊阁四库全书版。

杨春霖，《陕西方言内部分区概说》，《西北大学学报（哲学社会科学版）》4（1986）：64-70。

杨德泉，任鹏杰，《陕西在宋代的历史地位》，载邓广铭，漆侠编《中日宋史研讨会中方论文选编》，保定：河北大学出版社，1991，页133-152。

杨奂，《还山遗稿》，适园丛书版。

杨爵，《杨忠介集》，文渊阁四库全书版。

杨屾，《豳风广义》，出版者不详，1882。

——，《知本提纲》，出版者不详，出版年不详。

杨时，《杨龟山先生集》，台北：学生书局，1974。

杨士奇，《东里集别集》，文渊阁四库全书版。

杨庭秀，《杨晦叟遗集》，丛书集成续编版。

杨希义，《唐代关中农业经济的主要产品及其他地理分布》，《西北大学学报（哲学社会科学版）》1（1986）：72-79。

杨亿，《武夷新集》，文渊阁四库全书版。

杨一清，《关中奏议》，云南丛书版。

姚大力，《金末元初理学在北方传播》，载元史研究编《元史论丛》，北京：中华书局，1983，2,2:217-224。

姚燧，《牧庵集》，丛书集成初编版。

Yao Tao-chung. "Ch'üan-chen: A New Taoist Sect in North China During the Twelfth and Thirteenth Centuries." Ph.D. diss., University of Arizona, 1980.

尹洙，《河南先生文集》，出版者不详，1808。

游酢，《游廌山集》，文渊阁四库全书版。

虞集，《道园遗稿》，文渊阁四库全书版。

元好问，《遗山集》，文渊阁四库全书版。

——编，《中州集》，北京：中华书局，1959。

詹杭伦，《金代文学史》，台北：贯雅文化事业有限公司，1993。

张建，《兰泉老人遗集》，丛书集成续编版。

张金吾编，《金文最》，北京：中华书局，1990。

张鹏飞，《关中水利议》，丛书集成续编版。

张鹏一，《刘古愚年谱》，西安：陕西旅游出版社，1989。

张岂之，史念海，郭琦编，《陕西通史》，西安：陕西师范大学出版社，1998。

张世敏，《张载后裔的迁衍与横渠族谱的形成》，《陕西史志》4（2000）：43−45。

张舜典，《鸡山语要》，关中丛书版。

张舜民，《画墁集》，丛书集成初编版。

张廷玉等，《明史》，北京：中华书局，1974。

张晓红，《明清时期陕西岁时民俗的地域差距》，《中国历史地理论丛》2（1997）：
209−20。

张永禄编，《明清西安词典》，西安：陕西人民出版社，1999。

张载，《张载集》，北京：中华书局，1978。

赵秉文，《闲闲老人滏水集》，丛书集成初编版。

赵尔巽等，《清史稿》，北京：中华书局，1977。

赵翼，《廿二史札记》，沈阳：辽宁教育出版社，2000。

郑素春，《全真教与大蒙古国帝室》，台北：学生书局，1987。

志磐，《佛祖统纪》，大正新修大藏经版。

《直隶邠州志》，1784。

《盩厔县志》，1793。

朱大韶编，《皇明名臣墓铭》，影印版，台北：学生书局，1969。

朱熹，《诗集传》，北京：中华书局，1958。

——，《朱熹集》，成都：四川教育出版社，1996。

——编，《伊洛渊源录》，台北：文海出版社，1968。

Zhu Xi and Lü Zuqian, eds. *Reflections on Things at Hand*. Trans. Wing−tsit Chan.
New York: Columbia University Press, 1967.

Zurndorfer, Harriet. *Change and Continuity in Chinese Local History: The
Development of Hui−chou Prefecture, 800−1800*. New York: E. J. Brill, 1989.

索引

图书在版编目（CIP）数据

中国历史上的关中士人：907-1911 /（新加坡）王
昌伟著；刘晨译 . —杭州：浙江大学出版社，2017.11
　书名原文：Men of Letters Within the Passes:
Guanzhong Literati in Chinese History, 907-1911
　ISBN 978-7-308-17617-0

　I. ①中… II. ①王… ②刘… III. ①文人—人物研
究—陕西—907—1911　IV. ① K825.4

中国版本图书馆 CIP 数据核字（2017）第 272531 号

中国历史上的关中士人：907—1911
[新加坡] 王昌伟 著　刘晨 译

责任编辑	王志毅
文字编辑	赵　波
营销编辑	杨　硕
装帧设计	罗　洪
出版发行	浙江大学出版社
	（杭州天目山路 148 号　邮政编码 310007）
	（网址：http：// www.zjupress.com）
排　版	北京大观世纪文化传媒有限公司
印　刷	浙江印刷集团有限公司
开　本	640mm×960mm 1/16
印　张	13.25
字　数	192 千
版 印 次	2017 年 11 月第 1 版　2017 年 11 月第 1 次印刷
书　号	ISBN 978-7-308-17617-0
定　价	52.00 元